MARCO POLO

Zypern

Insider Tipps

Diesen Führer schrieb Klaus Bötig.
Eines seiner Spezialgebiete
als Reisejournalist ist Zypern.

marcopolo.de
Die aktuellsten Insider-Tipps finden Sie unter
www.marcopolo.de, siehe auch Seite 104

MAIRS GEOGRAPHISCHER VERLAG

SYMBOLE

 MARCO POLO INSIDER-TIPPS:
Von unserem Autor für Sie entdeckt

 MARCO POLO HIGHLIGHTS:
Alles, was Sie auf Zypern kennen sollten

 HIER HABEN SIE EINE SCHÖNE AUSSICHT

WO SIE JUNGE LEUTE TREFFEN

PREISKATEGORIEN

Hotels
€€€ über 120 Euro
€€ 60–120 Euro
€ unter 60 Euro

Restaurants
€€€ über 18 Euro
€€ 10–18 Euro
€ unter 10 Euro

Preise für ein Doppelzimmer mit Frühstück in der Hauptsaison. Die Hotels der gehobenen Preisklassen sind pauschal gebucht oft preiswerter.

Die Preise gelten für ein Essen mit Fleischgericht, Beilagen und Salat ohne Getränke.

KARTEN

[116 A1] Seitenzahlen und Koordinaten für den Reiseatlas Zypern

[U A1] Koordinaten für die Nicosia-Karte im hinteren Umschlag

[0] außerhalb des Kartenausschnitts

Zu Ihrer Orientierung sind auch die Orte mit Koordinaten versehen, die nicht im Reiseatlas eingetragen sind.

GUT ZU WISSEN

Reiche Kirche **10** · Zyperns Tierwelt **15** · Eine unglückliche Liebe **34** · Russen in Limassol **45** · Sex in der Antike **53** · Urlaubslektüre **70** · Eigenwillig **76** · Türken ohne Tee **85**

INHALT

DIE BESTEN MARCO POLO INSIDER-TIPPS   vorderer Umschlag

DIE WICHTIGSTEN MARCO POLO HIGHLIGHTS   4

AUFTAKT   7
Entdecken Sie Zypern!

Geschichtstabelle   8

STICHWORTE   13
Zwischen Byzanz und EU

ESSEN & TRINKEN   19
Brandy sour zur Begrüßung

EINKAUFEN   23
Lefkarítika und Lederwaren

FESTE, EVENTS UND MEHR   24

AGÍA NÁPA UND LÁRNAKA   27
Windräder und Treibhäuser

LIMASSOL   39
Idealer Standort für Tagesausflüge

NICOSIA   47
Die geteilte Hauptstadt

PÁFOS   61
Ein bedrohtes Paradies

TRÓODOS   73
Berge und Klöster

NORD-ZYPERN   83
Der andere Teil der Insel

AUSFLÜGE & TOUREN   89
Auf Tagestouren Zyperns Vielfalt entdecken

SPORT & AKTIVITÄTEN   95
Von Angeln bis Windsurfen

MIT KINDERN REISEN   99
Spaß im Wasser und zu Lande

ANGESAGT!   102

PRAKTISCHE HINWEISE   103
Von Anreise bis Zoll

SPRACHFÜHRER   109

REISEATLAS ZYPERN   113

KARTENLEGENDE REISEATLAS   115
MARCO POLO PROGRAMM   133
REGISTER   134
IMPRESSUM   135

BLOSS NICHT!   136

Die wichtigsten
MARCO POLO Highlights

Sehenswürdigkeiten, Orte und Erlebnisse, die Sie nicht verpassen sollten

 Choirokoitía
Wie die Menschen zu Fred Feuersteins Zeiten wirklich lebten, sehen Sie in diesem 8000 Jahre alten Dorf (Seite 35)

 Hala Sultan Tekkesi
Eine Moschee unter Palmen bei Larnaka (Seite 36)

 Markthallen in Limassol
An jedem Werktagmorgen ist hier ein Hauch von Orient zu spüren (Seite 41)

 Kolóssi
Gotische Gewölbe und ein weiter Blick vom Dach der Johanniterburg (Seite 43)

 Apollo Hylates
Heiligtum in Koúrion (Seite 43)

 Amphitheater in Koúrion
Wo früher Gladiatoren kämpften, wird heute manchmal Shakespeare gespielt (Seite 44)

 Laikí Gitoniá in Nicosia
Zyperns schönstes Altstadtviertel, ideal zum Einkaufen und Essengehen (Seite 50)

 Zypern-Museum
8000 Jahre zypriotische Geschichte in Nicosia (Seite 52)

Hala Sultan Tekkesi

Im Zypern-Museum

 Asinoú
Eine kleine Scheunendach-
kirche mit Zyperns
schönsten Wandmalereien
(Seite 56)

 Haus des Dionysos
Ein meisterlicher Bilderbogen
der antiken Sagenwelt
in Páfos (Seite 64)

 Bäder der Aphrodite
In Zyperns lieblichster
Landschaft vergnügte sich
die schöne Göttin mit
einem Irdischen (Seite 67)

 Felsen der Aphrodite
Wo einst die Göttin der Liebe
erstmals irdischen Boden
betrat, sieht man heute bestenfalls Badenixen (Seite 68)

Scheunendachkirche von Asinoú

 Kloster Ágios Neófytos
Höhlenkirche mit
Wandmalereien aus der
Zeit um 1200 (Seite 69)

 Kloster Kýkko
In Zyperns reichstem Kloster
ist für Demut und Bescheiden-
heit kein Platz (Seite 75)

 Ómodos
Auf dem schönsten Dorfplatz
kommt der Wein direkt vom
Winzer (Seite 79)

 Die Highlights sind in der Karte auf dem hinteren Umschlag eingetragen

AUFTAKT

Entdecken Sie Zypern!

Naturschönheiten, ausgezeichnete Strände, historische Stätten und kulinarische Köstlichkeiten locken Besucher auf diese Insel

Im äußersten Osten des Mittelmeers liegt eine Insel, nicht einmal halb so groß wie Hessen und sogar noch etwas kleiner als Kärnten. Die Einheimischen nennen sie *Kípros,* bei uns heißt sie Zypern. Seit 1974 ist sie in einen türkisch besetzten und einen freien Teil gespalten. Im Norden leben türkischsprachige moslemische, im Süden griechischsprachige christlich-orthodoxe Zyprioten.

Dennoch können Sie Ihren Urlaub auf Zypern ebenso friedlich und ruhig verbringen wie anderswo am Mittelmeer. Weitab von Industriezentren und verschmutzten Flüssen finden Sie saubere Strände und glasklares Meer; eine äußerst gastfreundliche und kultivierte Bevölkerung sorgt dafür, dass Sie sich rundum wohl fühlen.

Die Küsten Zyperns sind vielfältig und bieten für jeden Geschmack etwas. Ausgedehnte, kilometerlange Sandstrände säumen nahezu die gesamte Ostküste nördlich von Famagusta und die Südküste bei Lárnaka; viele Sandstrandbuchten gibt es bei Agía Nápa und westlich von

Koúrion: unbedingt sehenswerte archäologische Stätte

Zitrusfrüchte gedeihen gut

Páfos, in der Nähe von Limassol und auch im Norden nahe Kerýneia. Kieselsteinstrände haben die Küsten bei Pólis zu bieten. Beim Kloster Ágios Geórgios Alemánnos geht man von Felsen aus ins Wasser, die in Jahrtausenden ganz glatt geschliffen wurden. Aber auch imposante Steilküsten fehlen nicht. Besonders eindrucksvoll sind sie im Süden zwischen Koúrion und den Felsen der Aphrodite.

Die Küstenebenen werden intensiv landwirtschaftlich genutzt. Zwei Salzseen in Küstennähe haben exotischen Reiz. Wenn sie im Winterhalbjahr mit Wasser gefüllt sind, bieten sie unzähligen Flamingos eine Heimat; im Sommer hingegen erscheinen sie wie Wüsten.

An der Südküste liegen drei der fünf größten Städte Zyperns: Limassol mit 156 000, Lárnaka mit

7

Geschichtstabelle

7000–1050 v. Chr. Zypern wird vom kleinasiatischen Festland aus besiedelt

294 v. Chr.–391 n. Chr. Zypern wird zu einer Provinz des ägyptischen Ptolemäer-Reichs und 58 v. Chr. römisch. Páfos ist Hauptstadt; 45 n. Chr. Besuch des Apostels Paulus

391–1191 Zypern gehört zum Oströmischen und später zum Byzantinischen Reich, ist aber von 647 bis 965 zugleich den Arabern tributpflichtig

1191–1489 Zypern wird von fränkischen Königen aus dem Kreuzrittergeschlecht der Lusignans regiert

1489–1571 Die Insel gehört Venedig

1571–1878 Zypern wird Teil des Osmanischen Reichs; zahlreiche Türken werden auf der Insel angesiedelt

1878–1925 Großbritannien hat Zypern wegen seiner strategischen Bedeutung vom Osmanischen Reich gepachtet

1925 Zypern wird britische Kronkolonie

ab 1931 Das Volk fordert den Anschluss der Insel an Griechenland

1950 Der neu gewählte Erzbischof Makários III. wird zum politischen Fürsprecher für den Anschluss

1955–1958 kämpfen die griechischen Zyprioten in der EOKA genannten Widerstandsorganisation auch gewaltsam dafür

1960 Zypern wird unabhängig, Erzbischof Makários III. Präsident

1963 Kämpfe zwischen griechischen und türkischen Zyprioten arten in einen Bürgerkrieg aus

1964 Die ersten UN-Friedenstruppen kommen nach Zypern

1974 Zypern ist geteilt. Am 15. Juli wird Makários durch einen von der seit 1967 in Griechenland herrschenden Militärjunta angezettelten Putsch aus dem Amt vertrieben, in das er erst im Dezember zurückkehrt. Inzwischen haben türkische Truppen vom 20. 7. bis 16. 8. über ein Drittel der Insel erobert

1977 Makários stirbt

1983 Der türkische Zypriot Rauf Denktasch proklamiert im besetzten Inselteil die »Türkische Republik Nord-Zypern«, die aber nur von der Türkei als selbstständiger Staat anerkannt wird

1993 Klífkos Klerídes wird zum jetzigen Präsidenten der Republik Zypern gewählt

Seit März 2000 Beitrittsverhandlungen mit der EU

Mai 2001 Aus Parlamentswahlen geht die (sehr gemäßigte) kommunistische Partei AKEL erstmals als Sieger hervor

AUFTAKT

69 000 und Páfos mit 40 000 Einwohnern. Sie wirken sehr modern und gepflegt; Neubauten bestimmen das Bild. Das ist kein Wunder, wenn man bedenkt, dass alle drei erst nach dem Zypern-Krieg von 1974 von recht unbedeutenden Kleinstädten zu wichtigen Handels-, Hafen- und Urlaubsstädten wurden.

In Hotels, Restaurants und Geschäften wird nahezu überall ausgezeichnet Englisch gesprochen. Speisekarten und Hinweisschilder sind durchweg zweisprachig; Deutsch ist als dritte Sprache verbreitet.

Sprachkenntnisse und gute Organisation sind sicherlich auch eine Folge der langen britischen Herrschaft. Von 1878 bis 1960 wurden die Geschicke Zyperns von London aus bestimmt. Zudem besaß die Republik Zypern bis 1992 keine eigene Universität, viele junge Leute gingen (und gehen immer noch) zum Studium nach Großbritannien oder in die USA, viele Ältere haben jahrelang auf den Britischen Inseln gelebt und gearbeitet. Großbritannien besitzt zwischen Limassol und Páfos sowie zwischen Lárnaka und Agía Nápa noch immer zwei Militärstützpunkte, auf denen auch Zyprioten arbeiten. Die dort lebenden 20 000 Briten sind auch wirtschaftlich von Bedeutung.

Zypern wurde häufig von fremden Herrschern regiert. Bereits vor 9000 Jahren, also lange bevor in Deutschland erste Dörfer entstanden, lebten die Menschen auf Zypern schon in gut organisierten Dörfern aus steinernen Rundhütten, deren eindrucksvolle Überreste Sie in Choirokoitía besichtigen können.

> *Die britische Herrschaft hinterließ Spuren*

Wer auf den Spuren der Geschichte wandeln will, findet auf Zypern reichlich Gelegenheit dazu. Sogar am Strand: Auf den Kieselsteinen neben den Felsen der Aphrodite, von den Zyprioten *Pétra tou Romioú* genannt, betrat die antike Liebesgöttin nach der Überlieferung erstmals irdischen Boden. Auf dem Olymp, dem Göttersitz, war sie für die Schönheit und die Liebe zuständig. Der Liebe huldigte sie auch auf Erden, wo sie sich heimlich mit ihrem Geliebten Akamás im Bad der Aphrodite bei Pólis traf.

Auf Zypern war schon vor der Ankunft der achäischen Griechen gegen Ende des zweiten Jahrtausends vor Christi eine weibliche Fruchtbarkeitsgöttin verehrt worden. Im ersten Jahrtausend wurde ihr dann an ihrer alten Kultstätte unter dem neuen Namen Aphrodite gehuldigt. Dieses Heiligtum bei Páfos entwickelte sich zu einem der bedeutenden Pilgerziele der antiken Welt. So galt Zypern fortan als »Insel der Aphrodite« – eine Bezeichnung, die in der Tourismuswerbung gern verwendet wird.

Einheimische bevorzugen Schatten

Reiche Kirche

Der christliche Glaube ist noch tief im Volk verwurzelt

Das orthodoxe Christentum ist der wesentliche Grund dafür, dass die Zyprioten in den fast 800 Jahren der fränkisch-venezianischen, türkischen und britischen Fremdherrschaft ihre Identität nicht verloren. Neben der Sprache war und ist die Religion nationales Bindeglied. Die Bedeutung der Kirche für das private und öffentliche Leben ist immer noch sehr stark. Zivile Eheschließungen und Scheidungen sind zwar seit 1990 zulässig, kommen aber kaum vor. Die Kirche und einzelne Klöster besitzen Ländereien und halten Anteile an vielen Unternehmen.

Nicht weit von Páfos entfernt wurde in Koúrion ein schöner, junger männlicher Gott verehrt: Apoll. In seinem Heiligtum sind hauptsächlich Bauten aus römischer Zeit erhalten. Aus jener Epoche stammt auch das Amphitheater der römischen Stadt Koúrion, in dem man sich immer noch Theater- und Musikaufführungen anschauen kann.

Aufführungen gibt es auch im antiken Odeon von Páfos, wo besonders viele antike Sehenswürdigkeiten erhalten sind. Páfos ist so etwas wie ein riesiger archäologischer Park, in dem man neben einzigartig gut erhaltenen römischen Mosaiken und seltsamen Gräbern aus der Ptolemäer-Zeit auch eine Säule sehen kann, an der der Apostel Paulus einst ausgepeitscht wurde. Mit Paulus kam das Christentum nach Zypern. Über 1000 Jahre alte Kirchen stehen an vielen Orten, so in Geroskípou und Lárnaka.

Für Urlauber sind die Kirchen im Tróodos-Gebirge besonders interessant. Sie haben mit ihren weit heruntergezogenen Ziegeldächern, die ihnen das Aussehen von Scheunen verleihen, eine einzigartige architektonische Gestalt. In über 20 sind mittelalterliche Wandmalereien hervorragend erhalten. Sie stehen deswegen alle auf der Unesco-Liste des Weltkulturerbes der Menschheit. Zumindest das Kirchlein von Asinoú sollte man gesehen haben, wenn man behaupten will, Zypern ein wenig zu kennen.

Paulus brachte das Christentum nach Zypern

Tróodos und Pendedáktilos, auch Kyrénia-Gebirge genannt, heißen die beiden Gebirge der Insel. Der Pendedáktilos erstreckt sich über 100 km entlang der Nordküste und ist bis zu 1026 m hoch; der Tróodos nimmt mit einem Durchmesser von über 60 km und einer Höhe von bis zu 1951 m den gesamten Westen und weite Teile des Südens ein. Zwischen beiden Gebirgen liegt eine breite Ebene, in der auch die Inselhauptstadt Nicosia (Lefkosía) liegt.

Das Tróodos-Gebirge besteht aus zahlreichen Bergketten, die

AUFTAKT

Mittelgebirgscharakter haben. In den Flusstälern gedeihen Kirschen und Walnüsse, Äpfel und Birnen, Pflaumen und zahlreiche andere Obst- und Nusssorten; bis auf Höhen von über 1000 m wird Wein angebaut. Andere Regionen sind dicht bewaldet, besonders im Westen des Gebirges. Es gibt kurze Bäche, die das ganze Jahr über Wasser führen, und nahe Páno Plátres sogar einen Wasserfall. Viele kleine und große Stauseen fangen den Winterregen auf. An mehreren Orten werden in großen Becken Forellen gezüchtet. Der gesamte Tróodos ist von einem Netz gut befahrbarer Straßen und von Waldwegen durchzogen. Für Wanderfreunde sind sogar einige Naturlehrpfade markiert. Altertümlich-urig anmutende Busse fahren in alle Dörfer, von denen manche wie Páno Plátres und Kakopetriá ganz auf den Fremdenverkehr eingestellt sind.

Bei der Fahrt durch die Gebirgstäler stößt man immer wieder auch auf verlassene Dörfer, in denen bis 1974 türkische Zyprioten gewohnt haben. Sie verließen sie wegen der Teilung der Insel nach der türkischen Invasion im Juli 1974.

Der einen Monat dauernde Krieg war durch den von der damaligen griechischen Militärdiktatur angezettelten Putsch gegen Staatspräsident Makários III. verursacht worden, der den Anschluss Zyperns an Griechenland zum Ziel hatte. Um das zu verhindern, intervenierten die Türken.

> *Kirchen, die wie Scheunen aussehen*

In der Folge des Krieges kam es zu einer großenen Bevölkerungsbewegung: Mehr als 150 000 griechische Zyprioten flohen aus dem türkisch besetzten Norden in den Süden, über 45 000 türkische Zyprioten siedelten in den Norden um. Im Süden wohnen jetzt etwa 680 000 griechische Zyprioten. Im Norden sind ungefähr 75 000 türkische Zyprioten zu Hause, deren Vorfahren in den über 300 Jahren türkischer Herrschaft auf die Insel kamen.

So gibt es auf Zypern heute noch viel mehr zu entdecken als das anderswo Übliche: Nämlich ein Volk, das sich nichts sehnlicher wünscht als die friedliche Wiedervereinigung seiner Heimat.

Der Strand in Protarás vor dem Hotel Copa Bay

STICHWORTE

Zwischen Byzanz und EU

Die Geschichte hat ihre Spuren nicht nur in Stein hinterlassen, sondern ist auch Ursache für die aktuellen politischen Probleme

Ausländer

Ausländer haben in den letzten 800 Jahren die Geschicke Zyperns bestimmt. Seit 1191 wurde die Insel von fremden Herrschern regiert, die eine andere Sprache als die Zyprioten sprachen und einer anderen Konfession, wenn nicht gar Religion angehörten. Erst kamen die römisch-katholischen Kreuzritter, dann die Venezianer, später die Türken und schließlich die Engländer. Großbritannien, Griechenland und die Türkei gaben Zypern ohne Mitwirkung von Zyprioten die Verfassung des heutigen Staates – und seit 1974 sind wieder Besatzer auf der Insel, abermals die Türken. Sie haben über ein Drittel der Insel unter Kontrolle und bestimmen dadurch entscheidend das Verhalten der rechtmäßigen zypriotischen Regierung mit, die einen Großteil ihrer Energie darauf verwendet, wieder ein vereintes Zypern zu schaffen. Friedenstruppen der Uno kontrollieren die von der Türkei gewaltsam geschaffene Grenze. Die Briten unterhalten auf der Insel noch immer zwei große Stützpunkte. Zy-

Auch Schafe suchen unter Olivenbäumen Schatten

pern wird wohl erst in eine wirklich neue Epoche seiner Geschichte eintreten können, wenn es EU-Mitglied wird. Das soll, so hoffen die Zyprioten, bis 2004 geschehen.

Bewässerung

Wie alle Mittelmeerinseln leidet auch Zypern unter Wassermangel. Steigende Touristenzahlen verschärfen das Problem. Eine Lösung scheint in Sicht: Im Winterhalbjahr fallen im Gebirge nämlich genug Niederschläge, um die Insel das ganze Jahr über mit Wasser zu versorgen. Es muss nur aufgefangen werden. Zahlreiche Bewässerungsbecken und Staudämme sind seit 1960 schon geschaffen worden, weitere im Bau. Über viele kilometerlange Kanäle und Pipelines wird das Wasser bis in die Städte Limassol, Lárnaka, Nicosia und Agía Nápa geleitet, wo es Felder bewässert und aus Wasserhähnen läuft.

Byzanz

Byzantinischem begegnen Sie in Zypern auf Schritt und Tritt. Man besichtigt byzantinische Kirchen, Wandmalereien und Ikonen, stößt auf byzantinische Burgruinen und Stadtmauerreste, hört von byzanti-

Der Kalavassós Staudamm liegt nordöstlich von Limassol

nischen Traditionen, die in Musik, Volkskunst und im Denken der Menschen fortleben. In nahezu allen Gotteshäusern trifft man auf den byzantinischen Doppeladler, Symbol der weiter bestehenden Kirche und des untergegangenen Byzantinischen Reichs. Für Zypern ist Byzanz die Klammer zu Griechenland, das sich schon seit der Gründung des neugriechischen Staats 1830 und erst recht seit dem Untergang des zaristischen Russlands als dessen Nachfolger versteht. Ein Teil Griechenlands war Zypern ja nie – wohl aber mit Griechenland gemeinsam ein Teil von Byzanz.

Kaiser Konstantin hatte 330 die Hauptstadt des Römischen Reichs an den Bosporus verlegt. 395 teilte Kaiser Theodosius das Römische Reich; die Stadt, inzwischen Konstantinopel genannt, wurde zum Zentrum des Oströmischen Reichs, das wir Byzanz nennen. Als die Türken Byzanz 1453 eroberten, nannten sie die Stadt Istanbul.

Flora

Zypern ist eine besonders dicht bewaldete Mittelmeerinsel. Ein Fünftel seiner Fläche ist inzwischen wieder baumbestanden, nachdem die Wälder jahrtausendelang für den Schiffs- und Hausbau und als Brennmaterial gefällt wurden. In den küstennahen Regionen überwiegen Öl- und Johannisbrotbäume, an den Stränden stehen hauptsächlich Tamarisken, an den Landstraßen Eukalyptusbäume. Zypressen und Akazien lockern das Bild auf. In den höheren Regionen gedeihen vor allem Aleppokiefern, Steineichen, Pappeln, Nuss- und Obstbäume sowie im Westen des Tróodos-Gebirges über 30 000 Zedern. Die Gipfelregionen sind von Wacholder und Schwarzkiefern bewachsen. Insgesamt gibt es auf Zypern etwa 1800 Pflanzenarten. Über 120 davon kommen in freier Natur nur auf Zypern vor.

Die wichtigste Kulturpflanze der Insel ist der Wein. Getreide wächst

STICHWORTE

vor allem in der Mesaória, der Ebene zwischen den beiden Inselgebirgen. Zitrusfrüchte werden in großen Mengen an der Nordküste und in den Plantagen von Fasoúri westlich von Limassol angebaut, Kartoffeln in der Region bei Agía Nápa und Bananen sowie Erdnüsse in der Umgebung von Páfos.

Im Frühjahr ist Zypern ein einziges Blütenmeer. Besonders zahlreich und auffällig sind die Asphodelien und die Zistrosen, Hyazinthen und Narzissen, Cyclamen und Päonien, Klatschmohn, Oleander und Ginster sowie als Zierpflanzen Hibiskus und Bougainvillea.

Green Line

Zypern ist seit 1974 geteilt. Eine 217 km lange Demarkationslinie trennt den türkisch besetzten Norden vom freien Teil der Republik Zypern, in dem nahezu ausschließlich griechische Zyprioten leben. Die Altstadt von Nicosia wurde schon 1964 geteilt, die Trennlinie wurde mit einem grünen Filzstift in einen Stadtplan eingezeichnet. Sie trug fortan den Namen Green Line, der inzwischen für die gesamte Demarkationslinie gilt.

Diese unnatürliche Grenze wird heute von Soldaten dreier Parteien bewacht. Im Norden stehen türkische und türkisch-zypriotische Einheiten, im Süden griechische und griechisch-zypriotische. Dazwischen liegt ein 10 m bis 7 km breiter Streifen, die so genannte Pufferzone, in der Soldaten der UNFICYP genannten UN-Friedenstruppen patrouillieren, um ein direktes Aufeinandertreffen der verfeindeten Parteien zu verhindern und Probleme sofort auf niedrigster Ebene lösen zu können.

Als Urlauber bemerkt man den Verlauf der Green Line außerhalb von Nicosia nur in Form von Wachttürmen und Flaggen. Eine Gefahr geht von ihr für Touristen nicht aus. In Nicosia selbst wird die Green Line durch eine einfache, niedrige Mauer markiert, die mit weißblau gestrichenen Ölfässern und Sandsäcken

Zyperns Tierwelt

Wo Sie Schlangen und Mufflons aus der Nähe sehen

In den Wäldern des Tróodos lebt als einziges größeres Säugetier das zypriotische Wildschaf, das Mufflon. Außer auf Briefmarken werden Sie es jedoch bestenfalls im Gehege von Stavrós tis Psókas sehen. So sind die zahlreichen Flamingos, die im Winter in den Salzseen von Lárnaka und Akrotíri stehen, die auffälligsten Tiere der Insel. Im Gebirge sind gelegentlich noch Mönchsgeier, Habichte, Adlerbussarde, Wander-, Turm- und Eleonorenfalken zu sehen. Schlangen begegnet man nur selten. In der kriechtierkundlichen Sammlung am Straßenrand im Dorf Skoúlli können Sie sie jedoch aus nächster Nähe betrachten und sich Ringelnattern sogar um den Hals legen lassen.

Ikonen werden üppig geschmückt, verehrt und geküsst

verstärkt ist. Teilweise wird sie sogar durch die mittelalterliche Stadtmauer gebildet.

Ikonen

Darstellungen von Heiligen und biblischen Ereignissen auf Tafelbildern nennt man in der orthodoxen Kirche Ikonen. Man findet sie in allen Gotteshäusern und in vielen Privatwohnungen, am Armaturenbrett von Linienbussen und in den Ruderhäusern der Fischerboote.

Ikonen sind etwas ganz anderes als die Bilder christlich-religiösen Inhalts in unseren Kirchen. Sie sind kein Schmuck, sondern bringen den Heiligen ins Haus, machen ihn gegenwärtig. Sie gelten als »Tore zum Himmel«. Deswegen genießen sie besondere Verehrung, werden geküsst, mit Gold und Silber, Edelsteinen und kostbar bestickten Vorhängen beschenkt. Ikonen sind Konsulate des Himmels auf Erden. Sie werden behandelt, als wären sie der Heilige selbst.

Makários III.

Dem Erzbischof, der die Insel in den ersten 17 Jahren ihrer Unabhängigkeit regierte, begegnen Urlauber noch immer auf vielen Fotos an den Wänden von Gaststätten und Hotels und in Form monumentaler Denkmäler. Er ist für die meisten Zyprioten noch immer der Übervater, an dessen Politik kaum Kritik geübt wird. Makários wurde 1913 als Bauernsohn im Bergdorf Páno Panagiá im Tróodos geboren. Als Elfjährigen gab ihn sein gerade verwitweter Vater als Novize ins Kloster Kýkko, das ihm Schulausbildung und Theologiestudium ermöglichte. 1948 wurde er zum Bischof von Kition (Lárnaka) gewählt, bereits zweieinhalb Jahre später dann zum Erzbischof der Insel.

Makários hatte sich bereits früh für den Abzug der Briten von der Insel und den Anschluss Zyperns an Griechenland engagiert. Er wurde auch zum politischen Führer der griechischen Zyprioten und flankierte mit flammenden Reden den bewaffneten Kampf gegen den Kolonialherrn. So war es fast selbstverständlich, dass er 1960 zum ersten Präsidenten der neuen Republik gewählt wurde. Sein Amt als Kirchenfürst behielt er.

In den folgenden Jahren versuchte Makários, den starken Einfluss zurückzudrängen, der den türkischen Zyprioten in Verwaltung, Politik und Polizei durch die Verfassung gewährt wurde. Er ließ militärische Maßnahmen gegen türkische Zyprioten zu und förderte so die Spannungen. Außenpolitisch machte sich Makários für die Blockfreiheit Zyperns und eine Minderung der wirtschaftlichen Abhängigkeit von Großbritannien stark.

STICHWORTE

Als das Militär 1967 in Griechenland die Macht übernahm, rückte Makários von seinem Streben nach *énosis*, dem Anschluss an Griechenland, ab. Er verurteilte die Diktatur der Athener Obristen und machte sich diese damit zu erbitterten Feinden. 1974 organisierten die Militärs seinen Sturz. Nach der türkischen Invasion kehrte Makários im Dezember 1974 nach Zypern zurück, wo er bis zu seinem Tod 1977 allerdings nur noch die Teilung verwalten konnte. Sein Grab auf einem Berg nahe dem Kloster Kýkko ist immer noch eine nationale Wallfahrtsstätte.

Religion

Fast alle griechischen Zyprioten bekennen sich zum griechisch-orthodoxen Christentum. Die zypriotische Kirche ist jedoch von der griechischen unabhängig und sehr viel älter: Zyperns Kirche ist die älteste Nationalkirche der Christenheit.

Urlaubern fallen zuerst die orthodoxen Priester im Straßenbild auf. Sie tragen lange, dunkle Gewänder, einen üppigen Bart und eine Kopfbedeckung, unter der ein mehr oder minder langer Zopf hervorschaut. Man sieht sie auf dem Feld arbeiten und auf Märkten ihre Produkte verkaufen oder mit ihrer Familie – orthodoxe Priester dürfen vor ihrer Weihe heiraten – spazieren gehen.

Betritt man eine Kirche, bemerkt man große Unterschiede zu unseren Gotteshäusern. Sie sind teilweise prunkvoll ausgemalt und immer mit vielen Ikonen geschmückt; von den Decken hängen prächtige Leuchter herab.

Griechisch-orthodoxe Gottesdienste dauern häufig zwei oder drei Stunden. Nur wenige Kirchenbesucher harren die ganze Zeit über in der Kirche aus. Es herrscht vielmehr ein ständiges Kommen und Gehen, man plaudert miteinander und begrüßt neu Eintretende. Predigten gibt es kaum; Hauptinhalt des Gottesdienstes ist der Wechselgesang der täglich unterschiedlichen Liturgie, der vom Priester und einigen Laien vorgetragen wird. Gesangbücher für die Gemeinde gibt es nicht.

Die orthodoxen Christen erkennen den Papst nicht als Oberhaupt der Christenheit an. Sie fühlen sich den Aposteln und den frühen Christen eng verbunden, weil sich ihre Glaubensgrundsätze seit dem 8. Jh. kaum verändert haben. Sie beklagen das Werk der evangelischen Reformatoren und die vom Papst verkündeten Dogmen als Menschenwerk und Abweichungen vom wahren Glauben. Für ungebildete orthodoxe Christen sind Protestanten und Katholiken ebenso Heiden wie Moslems oder Hindus.

Tempel

Tempelbauten, wie man sie von Griechenland und Unteritalien kennt, wird man in Zypern vergeblich suchen. Im alten Zypern, das seine Blütezeit lange vor dem Bau der Athener Akropolis erlebte, wurden die Gottheiten in Heiligtümern verehrt, die denen des Vorderen Orients glichen. In römischer Zeit war die Insel dann eine recht unbedeutende Provinz, in der keine größeren Sakralbauten mehr entstanden. So ist der teilweise rekonstruierte Apollo-Tempel von Koúrion auch der einzige Bau, der unseren gängigen Erwartungen an archäologische Stätten entspricht.

ESSEN & TRINKEN

Brandy sour zur Begrüßung

Zyperns Nationalgetränk ist ein Relikt aus britischen Kolonialzeiten

Zyperns Küche ist von vielfältigen fremden Einflüssen geprägt. Türkische, orientalische, italienische und britische Komponenten sorgen für Abwechslung und interessante Gewürze. Verwendet werden vor allem heimische Produkte. Der Herd wird relativ selten genutzt. Man gart Gerichte lieber im Lehmbackofen oder auf dem Holzkohlengrill.

Eine große Anzahl an zypriotischen Spezialitäten an einem einzigen Abend kennen zu lernen fällt nicht schwer. Fast alle Restaurants preisen ihr *mesé* an (»mee-see« gesprochen). Es besteht aus zwölf bis 20 verschiedenen auf kleinen Tellern servierten Gerichten, von denen sich jeder nimmt, so viel er mag. Man hat die Wahl zwischen einem Fleisch-, einem Fisch- und manchmal sogar einem rein vegetarischen Mese.

Getränke

Zum guten Essen gibt es auf Zypern immer auch einen guten Wein. Noch bis vor wenigen Jahren war Wein der wichtigste Devisenbringer der Insel. Das Angebot und die Auswahl sind groß.

Salate sind beliebte Vorspeisen

Auf Zypern wird aber auch Bier gebraut. Aus einheimischen Brauereien kommen die Marken *Keó* und *Carlsberg.*

Mineralwasser ohne Kohlensäure bestellt man als *metallikó neró,* Mineralwasser mit Kohlensäure hingegen als *sóda.*

Als Aperitif aus heimischer Produktion stehen Sherry und Ouzo zur Wahl. Als Digestif sind der bittere Orangenlikör *fílfar,* der Dessertwein *commandaría* empfehlenswert sowie der zypriotische Brandy. Als beste Marke gilt *Five Kings.*

Brandy sour, der erfrischende Longdrink, ist eine Hinterlassenschaft der Engländer, die zum zypriotischen Nationalgetränk wurde. Er wird aus einem Viertel preiswertem zypriotischen Brandy (am besten *Anglías),* einem Viertel Zitronen- oder Limonensirup und einem Spritzer Angostura gemixt und mit Soda aufgefüllt. Der angefeuchtete Glasrand wird in Zucker gedreht; zum Brandy sour knabbert man Nüsse oder rohe Karottenscheiben.

Essen im Hotel

Der Standard der zypriotischen Hotelrestaurants ist hoch. Beim Früh-

Zypriotische Spezialitäten

Lassen Sie sich diese Köstlichkeiten gut schmecken!

afélia mariniertes, in Rotwein geschmortes häufig recht fettes Schweinefleisch

brisóles Schweine- oder Kalbskotelett

chiroméri gepökeltes Ziegenfleisch

dolmádes mit Reis und manchmal auch Hackfleisch gefüllte Weinblätter

humús ein Püree aus Kichererbsen, Öl, Petersilie und Knoblauch

jemistés mit Reis, Hackfleisch und Kräutern gefüllte Tomaten und Paprikaschoten

kléftiko das zypriotische Nationalgericht: im besten Fall im traditionellen Lehmbackofen *(oftón)* mit Kartoffeln im eigenen Saft gebackenes Lamm- oder Ziegenfleisch

kúpes/kupékia Teigbällchen aus grob gemahlenem Weizen, gefüllt mit Schweinehack, Zwiebeln, Petersilie, Salz, Pfeffer und anderen Gewürzen

lúndsa eine Art Kassler, meist in dünnen Scheiben serviert

melindsanosaláta Püree aus Auberginen, Mayonnaise oder Joghurt, Öl und Knoblauch

paidákia Lammkoteletts

péstrofa meist über Holzkohle gegrillte Forelle

raviólos große, mit Käse und oft auch etwas Minze gefüllte Ravioli

scheftaliá gut gewürzte, gegrillte Würste aus Schweinehack in Lammbauchfell

stifádo Schweine-, Rinds- oder Kaninchengulasch in einer häufig mit Zimt oder auch Kreuzkümmel gewürzten Tomatensoße

supjés eine meist im Stück oder gefüllt servierte Tintenfischart, die im Gegensatz zu den viel bekannteren *kalamáres* immer frisch aus dem Meer und nicht aus der Tiefkühltruhe kommt

súvla Grillspieß mit nahezu faustgroßen Fleischstücken

suvláki die kleinere Variante davon mit gabelgerechten Fleischstückchen

tachíni eine dicke Soße aus Sesam, Öl, Knoblauch Zitronensaft, besonders als Vorspeise beliebt

talatúri eine dem griechischen *tzazíki* ähnliche Soße aus Joghurt, Salatgurke, Öl und Knoblauch

taramosaláta rötliches Püree aus Fischrogen und Kartoffelmus

tavulí Gemisch aus Weizenschrot und Frühlingszwiebeln

ESSEN & TRINKEN

stück macht sich der britische Einfluss bemerkbar. Würstchen und Eier oder Omeletts gehören in den besseren Hotels zum Frühstücksbüfett, in einfachen Häusern kann man sie gegen Aufpreis bestellen.

Mittags und abends werden häufig auch zypriotische Gerichte angeboten. In vielen Häusern wird abends ein- oder mehrmals wöchentlich ein Büfett aufgebaut, durch das man dann wie bei einem Mese-Essen auch viele zypriotische Spezialitäten kennen lernen kann.

Auswärts essen

Die Speisekarten sind fast immer zweisprachig (griechisch und englisch). Die genannten Preise enthalten zehn Prozent Bedienungsgeld und drei Prozent Steuer. Zum Essen wird grundsätzlich Brot serviert, das auch dann in Rechnung gestellt wird, wenn man nichts davon genommen hat.

Die meisten Restaurants sind von etwa 12 bis 15 Uhr und 19 bis 23 Uhr geöffnet. Tischreservierungen sind nur für größere Gruppen üblich.

Kaffeehäuser und Konditoreien

Konditoreien gibt es nur in den Städten. Sie werden *sacharoplastíon* genannt und servieren Getränke aller Art (aber keinen Wein) sowie Süßspeisen und orientalische Kuchen.

Überall in den Städten und auch in nahezu jedem Dorf findet man Kaffeehäuser, im Singular *kafeníon* genannt. An mit Filz belegten Tischen werden Karten, Dame und *távli* (Backgammon) gespielt. Man trinkt Ouzo und Brandy, alkoholfreie Getränke, Bier und Kaffee.

Es gibt löslichen Kaffee, der immer als *Nescafé* bezeichnet wird und den man als Frappé auch kalt trinkt. Standardgetränk ist jedoch der Mokka, den man als *kipriakó kafé* bestellt. Man gibt dabei an, wie man ihn wünscht:
skétto – ohne Zucker
métrio – mit etwas Zucker
warígliko – mit viel Zucker.

Draußen essen und trinken – auf Zypern ist das fast immer möglich

EINKAUFEN

Lefkarítika und Lederwaren

Als Mitbringsel lohnen sich am ehesten Erzeugnisse der zypriotischen Volkskunst

Zypern ist kein Paradies für Shopper. Das Angebot an originellen Souvenirs hält sich in engen Grenzen. An erster Stelle stehen Erzeugnisse der Volkskunst.

Hohlsaumstickereien werden schon seit Jahrhunderten im Dorf Páno Léfkara hergestellt. Sie zieren Tischdecken und Servietten, Blusen und Taschentücher. Diese echten Lefkarítika sind teuer; die auch in Páno Léfkara inzwischen angebotene Billigware stammt aus Fernost.

Filigranarbeiten, für die das Silber von der Degussa geliefert wird, werden ebenfalls in Páno Léfkara, aber auch anderswo gefertigt.

Kleine Webteppiche und bunte Stickereien gibt es vielerorts. Artikel aus Leder finden Sie in den Städten. Töpferwaren stammen häufig aus dem Dorf Kórnos. Schöne Körbe werden in Geroskípou und Liopétri hergestellt und besonders preisgünstig in den Markthallen der Städte verkauft. Holzstühle mit geflochtenen Sitzflächen können Sie bei den Handwerkern im Bergdorf Finí in Auftrag geben. Preiswert sind Schuhe, Lederartikel und Textilien,

Seit Jahrhunderten sticheln Hohlsaumstickerinnen im Dorf Páno Léfkara

die auf Zypern selbst hergestellt werden. Wer sie kauft, sollte allerdings ein wenig Warenkenntnis besitzen und ihre Qualität beurteilen können, da es sich oft um minderwertige Billigware handelt.

Ein besonderes Souvenir sind handgemalte Ikonen. Man kann sie bei Ikonenmalern in den Klöstern Ágios Geórgios Alemánnos (östlich von Limassol) und Ágios Minás bestellen, muss bis zur Zusendung dann aber einige Monate warten.

Bei der Suche nach Mitbringseln sollten Sie die kulinarischen Spezialitäten der Insel nicht vergessen: Zyprischer Sherry, Ouzo oder Brandy, *fílfar* oder *commandaría* sind bei uns kaum erhältlich und versetzen in Urlaubsstimmung. Beim Genuss von Thymianhonig, eingelegten Früchten, dem Schafskäse *hallúmi* oder den Geleefrüchten ähnelnden *lukúmia* aus Geroskípou und Páno Léfkara kann man Freunden zu Hause anschaulich und unterhaltsam von Urlaubserlebnissen erzählen.

Öffnungszeiten der Geschäfte und Märkte
Mo–Sa 8–13 Uhr, Mo, Di, Do, Fr 16–19 Uhr (Mai–Sept.) bzw. 14.30 bis 17.30 (Okt.–April)

Feste, Events und mehr

Langeweile kommt in Zypern nicht auf. Irgendwo ist immer etwas los

Der Heiligen- und Festtagskalender der orthodoxen Kirche bildet den traditionellen Rahmen für Zyperns viele Feste. Vor allem im

Volkstänze gehören dazu

Sommerhalbjahr wird er durch zahlreiche Folkloreveranstaltungen, Konzerte, Theaterfestivals und Sportereignisse ergänzt. Oft finden sie in historischem Rahmen statt, zum Beispiel im antiken Theater von Koúrion oder im Odeon von Páfos.

In jedem Büro der Fremdenverkehrszentrale Zypern ist stets eine aktuelle Veranstaltungsvorschau in englischer Sprache erhältlich, sodass Sie kein schönes Ereignis aus Unkenntnis verpassen müssen.

Feiertage

1. Jan. Neujahr; **6. Jan.** Epiphanias/Taufe Christi; Rosenmontag (18. März 2002, 10. März 2003); **25. März** Griechischer Nationalfeiertag; **1. April** Zypriotischer Nationalfeiertag; Karfreitag (3. Mai 2002, 25. April 2003); Ostermontag, **1. Mai** *Tag der Arbeit;* Pfingstmontag/Kataklismós (25. Juni 2002, 16. Juni 2003); **15. August** *Mariä Entschlafung;* **1. Okt.** *Unabhängigkeitstag;* **28. Okt.** *Griechischer Nationalfeiertag;* **24. Dez.** *Heiligabend* (nachmittags); **25./26. Dez.** *Weihnachten;* **31. Dez.** *Silvester* (nachmittags).

Feste und Veranstaltungen
Karfreitag

Abends gegen 21 Uhr Prozessionen in allen Orten, besonders schön in Ktíma/Páfos.

Ostersamstag
Um 23 Uhr feierliche Gottesdienste in allen Kirchen, besonders eindrucksvoll im Kloster Ágios Neófytos bei Páfos.

Ostersonntag
Lustige Osterspiele (z. B. mit Sackhüpfen und Eierlaufen) in vielen Orten insbesondere im Bezirk Páfos. Um 15 Uhr Osterspiele mit Eselsrennen im Dorf Kannavíou bei Páfos.

Ostermontag
Lustige Osterspiele in Oróklini bei Lárnaka.

April bis Juni
Musical sundays. Kostenlose Konzerte (Folklore, Jazz, Klassik, Rock) vor dem türkischen Fort in Páfos, im Onisilos Seaside Theatre in Limassol und an der Uferpromenade von Lárnaka. Jeweils sonntags. Bis Mitte Mai um 11 Uhr, danach um 18 Uhr.

Donnerstag vor Pfingsten bis Dienstag nach Pfingsten
Kataklismós-Fest in Lárnaka zum Gedenken an die Rettung Noahs vor der Sintflut. Großer Jahrmarkt an der Uferpromenade, viele Konzerte und sportliche Wettbewerbe.

Mitte Juni
Shakespeare-Nächte im modernen Amphitheater von Pissoúri.

Ende Juni/Anfang Juli
Cyprus Music Days mit Jazz- und Klassikkonzerten im antiken Amphitheater von Koúrion.

15. August
Kirchweihfeste mit Musik und Tanz in vielen Dörfern und im Kýkko-Kloster

Erstes bis zweites Septemberwochenende
Weinfest im Stadtpark von Limassol.

13./14. September
Kirchweihfeste in Ómodos, Páno Léfkara und am Kloster Stavrovoúni.

3./4. Oktober
Kirchweihfest in Kalopanagiótis mit großem traditionellem Jahrmarkt.

Tanz vor antiker Kulisse

Agía Nápa und Lárnaka

Windräder und Treibhäuser

Die Region zwischen Lárnaka und Agía Nápa wird von der Landwirtschaft geprägt

Zwischen dem Tróodos-Gebirge, der Mesaória-Ebene und dem Meer liegt Zyperns Hügelland. Es wird von Ebenen und niedrigen, meist kahlen Tafelbergen geprägt, die man im Sommer und Herbst leicht als öde empfinden kann. An den Küsten liegen die ausgedehntesten Sandstrände der Republik. Die bedeutendste Stadt in dieser Region ist Lárnaka, der Agía Nápa als Urlaubszentrum den Rang streitig macht. Zwischen Agía Nápa und dem im besetzten Teil gelegenen, aber kaum 20 km Luftlinie entfernten Famagusta entstand im letzten Jahrzehnt ein neues Urlaubszentrum, das unter dem Namen Protarás-Paralímni vermarktet wird.

Die Menschen in diesem Gebiet leben außer vom Tourismus vor allem von den Hafenanlagen und der Erdölraffinerie von Lárnaka. Arbeitsplätze gibt es auch durch den internationalen Flughafen von Lárnaka, der nach dem Krieg 1974 binnen 40 Tagen aus dem Erdboden gestampft wurde.

Devisen bringen auch die britischen Soldaten mit ihren Familien auf dem Stützpunkt Dhekélia zwischen Lárnaka und Agía Nápa.

Ausflugsboote am Kap Gréco

Kartoffelernte bei Agía Nápa

Zwischen Lárnaka und Agía Nápa werden große, ausgezeichnet schmeckende Kartoffeln angebaut, die auch in den Export kommen. Daneben erntet man aber auch Oliven, Getreide, Melonen, Gemüse und etwas Wein. Für die Bewässerung sorgen in der Gegend von Agía Nápa zahlreiche Windräder, die Grundwasser auf die Felder pumpen; auch Treibhäuser wurden gebaut für den Anbau von Schnittblumen und Tomaten und von Frühgemüse, für das man gute Preise erzielt.

Agía Nápa

[125 E4] Im äußersten Südosten der Insel ist nach 1974 aus einer Bauern- und Fischersiedlung mit nur etwa 1000 weit über die Landschaft verstreuten einfachen Häusern einer der großen Ferienorte (2500

AGÍA NÁPA

Kloster Agía Nápa

Sie außerdem auch weiter im Osten am Kap Gréco (Akrotírio Gréko).

Zwischen Mitte April und Ende Oktober ist Agía Nápa vor allem ein Treffpunkt jüngerer Urlauber, die das intensive Nachtleben mindestens ebenso schätzen wie die schönen Strände und die vielen Wassersportmöglichkeiten. Im Winter hingegen fühlen sich hier nur Ruhe Suchende wohl: Die meisten Diskotheken und Bars sind dann geschlossen; viele Restaurants öffnen in der kühleren Jahreszeit nur am Wochenende. Einen Nachteil hat der Ort, der mittlerweile über 10 000 Hotelbetten zählt, das ganze Jahr über: Er ist weiter als jeder andere von den Sehenswürdigkeiten der Insel entfernt.

Ew.) der Insel entstanden. Agía Nápa ist eine Stadt aus der Retorte, der man ihre Jugend auf Schritt und Tritt anmerkt. Aber den Planern ist es gelungen, bombastische, landschaftszerstörende Bauten zu vermeiden. Die Hotels passen sich in die Küstenszenerie der sandigen Buchten ein, entlang der Straßen stehen auch viele moderne, doch kleine Häuser.

Alt ist in Agía Nápa einzig das mittelalterliche Kloster, um das herum das neue Ortszentrum entstanden ist. Ein Bilderbuchidyll findet man nur am Fischerhafen, von dem aus der Blick auf den langen, sogar von niedrigen Dünen gesäumten Sandstrand vor den Hotels fällt. Weitere Buchten mit ★ Sandstränden, glasklarem Wasser, Hotels und Tavernen schließen im Westen an Agía Nápa an; Badegelegenheiten finden

SEHENSWERTES

Hellenistische Gräber
Auf der Halbinsel Makrónissos wurden in hellenistisch-römischer Zeit 19 Gräber in den Fels gehauen. Stufen führen hinunter in die Grabkammern, in denen die Toten in Tonsärgen beigesetzt waren. *Frei zugänglich*

Kloster Agía Nápa
Das um 1530 gegründete Kloster dient heute als Museum und vor allem als ökumenisches Tagungszentrum. Der Zugang wird freizügig gehandhabt, sodass sogar Bikininixen im Innenhof geduldet werden, die dann freilich in herbem Kontrast zur Strenge des Baus stehen, der gotische Züge trägt. Schön ist der Blick vom Arkadengang auf das überkuppelte Brunnenhaus und den massiven Torturm, enttäuschend aber ein Besuch der Höhlenkirche mit ihren sehr kitschigen

AGÍA NÁPA UND LÁRNAKA

Ikonen. Aus der römischen Antike stammt der Wasserspeier in Form eines Eberkopfes im Klosterhof. Vor dem Südtor des Klosters wächst seit über 400 Jahren ein mächtiger Maulbeerfeigenbaum. Aus dem Holz solcher Bäume wurden im alten Ägypten die Mumiensärge gefertigt. Auf dem modern gestalteten Dorfplatz unterhalb des Klosters steht die 1994 geweihte, mit Fresken ausgemalte Dorfkirche (geöffnet meist nur zu Gottesdiensten).

ESSEN & TRINKEN

Esperia

🌿 Gepflegte Taverne mit großer Terrasse am Fischerhafen; schöner Blick auf Kap Gréko. Gute Auswahl, auch an frischem Fisch. *Tgl. ab 12 Uhr, €€*

Oleander

Stimmungsvoll eingerichtete Taverne mit offenem Grill und Kinderkarte. Mehrmals wöchentlich abends griechische Livemusik. Exzellentes Preis-Leistungs-Verhältnis. *April, Mai, Sept., Okt. tgl. 12–15* und ab *18 Uhr, Juni–Aug. tgl. ab 18 Uhr, Krío Neró Avenue 10, €€*

Square Pub & Café

Kleine Auswahl an preiswerten Gerichten gegenüber vom Kloster. *Tgl. ab 10 Uhr, Village Square, €*

ÜBERNACHTEN

Grecian Bay

Großhotel mit 240 Zimmern, Pool im Garten und Hallenschwimmbad, an einem weißen Sandstrand gelegen. *Krío Neró Avenue 32, Tel. 03/72 13 01, Fax 72 13 07, www. grecian.com.cy, €€*

Kérmia Beach

Bungalowanlage, sehr ruhig gelegen, 4 km östlich von Agía Nápa, mit kinderfreundlichem Strand. *154 Zi., Kávo Gkreko Avenue 74, Tel. 03/72 14 01, Fax 72 14 29, www.kermiahotels.com.cy, €€*

SPORT & STRÄNDE

Strände finden Sie nicht nur in Agía Nápa selbst, sondern auch entlang

---

MARCO POLO Highlights
»Agía Nápa und Lárnaka«

★ **Agía Nápa**
Zyperns schönste Strände
(Seite 28)

★ **Hala Sultan Tekkesi**
Orientalisches Flair
am Salzsee (Seite 36)

★ **Kloster Ágios Minás**
Besuch bei den Ikonen
malenden Nonnen (Seite 37)

★ **Kloster Stavrovoúni**
Eintritt nur für Männer
(Seite 37)

★ **Panagía Angeloktístos**
In Kíti gibt es ein Mosaik
wie in Ravenna (Seite 36)

★ **Choirokoitía**
Zyperns ältestes Dorf
(Seite 35)

AGÍA NÁPA

Níssi Beach – einer der schönen Strände bei Agía Nápa

der Küste im Westen, Osten und Norden der Ortschaft. Per Fahrrad, Moped oder Mietwagen ist man schnell dort, zu einigen Stränden fahren auch Ausflugsboote. An allen größeren Stränden kann man Surfen, Fallschirm gleiten, Wasserski und Tretboot fahren. Außerdem gibt es mehrere Tauchschulen.

AM ABEND

Im Sommerhalbjahr ist Agía Nápa ein Mekka für Nachtschwärmer aus aller Welt. Diskotheken und Musikclubs gibt es reichlich. Ein richtiger Disko-Strip ist die Loúka Loúka Street gleich oberhalb des Klosters.

Insider Tipp **Bedrock Inn**
Der Karaoketreff auf einer großen Terrasse setzt auf Steinzeitambiente. Die Barmänner tragen Leopardenfellimitationen und der DJ sitzt in einem Urvogelei aus Plastik. *Tgl. ab 20 Uhr; Loúka Loúka Street/ Ecke Ippokrátous Street*

Black and White Club
In dieser Disko setzt man ganz auf Soul und Swing. *Tgl. ab 22 Uhr; Loúka Loúka Street*

Castle Club
Disko in einer Burgattrappe. Resident- und Guest-DJs. *Tgl. ab 22 Uhr; Loúka Loúka Street*

Grabbarna
Hier spielen skandinavische Top-DJs die neuesten Hits. *Tgl. ab 22 Uhr; Tefkroú Anthía Street*

Luna Park
Vergnügungspark mit Kinderkarussells, Autoskooter, Riesenrad und einer Art Bungeesprungturm. *Tgl. ab 12 Uhr; Níssi Avenue/Ecke Makários III. Avenue*

Rock Garden
Die Openairdisko wird von ihren Besitzern als »The official Mad House« bezeichnet, also als das offizielle Irrenhaus der Insel. Gespielt

AGÍA NÁPA UND LÁRNAKA

werden Indie, Alternative, Classic und Progressive Rock. *Tgl. ab 23 Uhr, Agías Mávris Street 2*

AUSKUNFT

Cyprus Tourism Organization
Krío Neró Avenue 12 (in Klosternähe), Tel. 03/72 17 96

ZIELE IN DER UMGEBUNG

Agía Thékla [125 D4]
Oberhalb des gleichnamigen Strandes steht die kleine, moderne *Kapelle der hl. Thékla.* 10 m entfernt markiert ein weißes Kreuz den Eingang zu einer uralten *Höhlenkirche* in einem Felsgrab aus hellenistisch-römischer Zeit. Frei zugänglich, *7 km*

Derínia (Deryneia) [125 D3]
Insider Tipp ◁◁ Das große Dorf reicht fast unmittelbar an die Demarkationslinie zum türkisch besetzten Teil heran und schlägt aus seiner Lage ein wenig Kapital: Von mehreren View Points aus können Besucher durch bereitliegende Ferngläser auf das nahe, aber praktisch von hier unerreichbar ferne Famagusta schauen. Man erkennt die Türme der gotischen Kathedrale und blickt auf die jetzt menschenleere Hotelstadt Varosha, in der vor 1974 rund 16 000 Hotelbetten standen, die Varosha zum Touristenzentrum der Insel machten. Vom modernen, sogar behindertengerechten *Exhibition Centre & View Tower* aus ist der Blick hinüber kostenlos (dafür gibt es hier keine Ferngläser). Private View Points wie der gute *Annita's View Point* oder der *Beach View Point* verlangen 50 c Eintritt oder den Konsum eines Getränks. *10 km*

**Kap Gréco
(Akrotírio Gréko)** [125 F5]
Die Südostspitze der Insel kann wegen militärischer Anlagen auf dem Kap zwar nicht betreten werden, doch ist die Fahrt dorthin schön. Es gibt mehrere Möglichkeiten für Abstecher zu Felsbuchten und Sandstränden. Ein gut ausgeschilderter Wanderweg führt von der markanten modernen Kapelle *Ágii Anargýri* zur sandigen *Kónnos Bay* (1,5 km) und von dort nach *Protarás* (3 km). *8 km*

Kloster Agíou Kendéa [124 C3]
Das kleine Nonnenkloster unmittelbar an der Demarkationslinie ist historisch und kunstgeschichtlich belanglos, aber gerade wegen seiner Einfachheit, seines chaotisch wirkenden Innenhofs und seiner vielen Katzen einen Blick wert *(Mo–Sa 8–12, So im Sommer 7–18, im Winter 7–16 Uhr). 24 km*

Liopétri [124–125 C–D4]
Bis vor 20 Jahren war Liopétri das bedeutendste Korbflechterdorf der Insel. Heute arbeiten hier noch vier häusliche Werkstätten. Eine nationale Gedenkstätte ist die *Akhyrónas-Scheune* (Barn of Liopétri), in der 1958 vier Freiheitskämpfer im Kampf gegen die Briten fielen *(tagsüber geöffnet). 14 km*

Insider Tipp

Paralímni [125 E3]
Paralímni zerfällt deutlich in zwei Teile: in das alte Binnendorf und das moderne Hotelviertel an der Küste. Im alten Ortskern mit seinen vielen Cafés und Geschäften ist der große Dorfplatz mit drei Kirchen und einem Aussichtsturm sehenswert. Dem Hotelviertel vorgelagert sind viele kleine, teils sandige, teils

31

LÁRNAKA

felsige Buchten. Wie eine Burg wirkt die große Diskothek *Club Colossus (tgl. ab 22 Uhr)* nahe dem Kreisverkehr, an dem die Straße vom Binnendorf auf die Uferstraße trifft. Dort versucht auch das *Ocean Aquarium (tgl. 10–18 Uhr; Eintritt CYL 5, Kinder CYL 3)* trotz überhöhter Eintrittspreise Besucher zu gewinnen. Ein teures, aber auch gutes Fischrestaurant ist das *Kalamies* an der Anais Bay *(tgl. ab 12 Uhr; €€€)*. *5 km*

Insider Tipp: Pótamos tou Liopetríou [125 D5]
Der über 1 km lange Flusshafen darf als schönster Fischerhafen Zyperns gelten. Hunderte von kleinen Booten sind hier vertäut; am Ufer haben Sie die Wahl zwischen zwei einfachen Tavernen. *12 km*

Protarás [125 F4]
Protarás ist ein in den letzten 20 Jahren völlig neu aus dem Boden gestampftes Hotelstädtchen, im Sommer voller Leben, im Winter trostlos leer. Schön ist der kurze Gang hinauf zur markanten, modernen Kapelle *Profítis Ilías,* von der aus man einen weiten Blick über die Umgebung hat.

Einen Besuch wert ist die 1974 gegründete urige *Old Season Museum Taverna (tgl. ab 12 Uhr; €€)* von Kapitän Pános an der Hauptstraße nach Agía Nápa. *11 km*

LÁRNAKA

[123 D–E 5–6] Eine knappe Busstunde von Agía Nápa entfernt liegt Lárnaka, eine lebhafte Stadt (69 000 Ew.), in der die Einheimischen das Straßenbild stärker prägen als die Urlauber. Sie ist der Standort der zyprischen Erdölindustrie. Ein breiter Sandstrand liegt direkt vor der Uferpromenade im Zentrum. Dahinter erstreckt sich die Altstadt mit der schmalen, verkehrsreichen Haupteinkaufsstraße. Um diesen Komplex liegt ein Gürtel von zumeist in den letzten 20 Jahren entstandenen Wohn- und Geschäftshäusern. Im Westen des Fi-

Uferpromenade von Lárnaka: Hier können Sie unter Palmen Kaffee trinken

AGÍA NÁPA UND LÁRNAKA

scherhafens und im Osten des Erdölhafens beginnen weitere, kilometerlange Sandstrände, die ebenfalls von Hotels gesäumt sind.

Von der antiken Stadt Kíti, die von der frühen Bronzezeit bis in frühchristliche Zeit an der Stelle des heutigen Lárnaka stand, ist nur noch wenig zu sehen. Im Mittelalter war die Stadt hauptsächlich wegen ihres Salzsees und ihres Hafens bedeutend.

SEHENSWERTES

Alt-Kíti
An der Ausgrabungsstelle im Nordosten der Stadt sind eine Stadtmauer, die Grundmauern von Tempeln und Kupferwerkstätten zu erkennen. *Mo–Fr 9–14.30 Uhr, Eintritt 75 c, Makherás Street*

Fort
Die Festung am westlichen Ende der Uferpromenade entstand 1625. Im fotogenen Innenhof sind alte Steinanker, Kanonen und -kugeln zu sehen, außerdem Funde von Ausgrabungen in der Nähe. *Mo–Fr 9–17 Uhr (Mai–Sept. bis 19.30 Uhr), Eintritt 75 c, Ánkara Street (Uferpromenade)*

Lazarus-Kirche
Der mittelalterliche Name der Stadt Lárnaka leitet sich vom griechischen Wort für Sarkophag, dem Wort Larnax, ab. Sarkophage hat man in Lárnaka in großer Zahl gefunden. Einer davon, im 9. Jh. entdeckt, trug die Aufschrift »Lazarus, der Freund Christi«. Für die Menschen damals stand fest, dass es sich um jenen Mann handeln musste, den Christus von den Toten erweckt hatte. Die Krypta, in der La-

zarus beigesetzt war, ist unter dem Altarraum noch heute zu sehen. Bemerkenswert sind die Schnitzarbeiten an der Ikonostase. Das kleine *Kirchenmuseum* in der Nordwestecke des Kirchhofs zeigt einige schöne Ikonen und liturgisches Gerät. *Tgl. 8–12.30 und 15.30 bis 18.30 Uhr (Sept.–März 14.30 bis 17 Uhr), Eintritt Museum 20 c, Ágios Lázaros Street*

Türkenviertel
Das ehemalige Türkenviertel der Stadt liegt unmittelbar westlich des Forts, wo auch die bedeutendste Moschee der Stadt steht, heute von Arabern genutzt. Ein Gang durch das Viertel mit seinen alten Häusern lässt die Atmosphäre des alten Zypern erahnen.

MUSEEN

Archäologisches Bezirksmuseum
Ausgestellt sind Funde aus Lárnaka und Choirokoitía sowie aus den nahen Dörfern Pýla und Ársos, wo es in der Antike ein Aphrodite-Heiligtum gab. *Mo–Sa 9–17 Uhr, So 10–13 Uhr, Eintritt 75 c, Kalógreon Square*

Naturgeschichtliches Museum
Das kleine Museum liegt im Stadtpark. *Juni–Sept. Di–So 10–13 und 16–18 Uhr, Okt.–Mai Di–So 15 bis 17 Uhr, Eintritt 20 c*

Pierides-Sammlung
Bemerkenswerte Privatsammlung in einer schönen Privatvilla aus dem 19. Jh. im Stadtzentrum. Zu sehen ist vor allem ganz hervorragende Keramik von der Kammstrichware der Jungsteinzeit bis hin zu mittelalterlichen Tellern, Krügen

LÁRNAKA

Eine unglückliche Liebe

Statt des Traummanns bekam sie ein Kloster

Am schönen Brunnen im Klosterhof von Agía Nápa erinnern die im Relief dargestellten steinernen Gesichter eines jungen Mädchens und eines älteren Herrn an die traurige Gründungslegende des Konvents. Ein venezianisches Edelfräulein hatte sich in einen nicht standesgemäßen Bürgerlichen verliebt. Der strenge Vater aber wollte sie mit einem Edelmann verheiraten. Sie floh in eine Höhle und weigerte sich, nach Famagusta zurückzukehren. Der Vater ließ sich auf einen Kompromiss ein. Das Mädchen verzichtete ganz auf die Ehe, dafür baute ihr ihr alter Herr an der Stelle der Höhle ein Kloster.

und Bechern. Besonders faszinierend sind die Gefäße im zweifarbigen Freifeldstil aus dem 7. Jh. v. Chr. *15. Juni–Sept. Mo–Sa 9–13 und 16–19 Uhr, Okt.–14. Juni Mo bis Fr 9–13 und 15–18 Uhr, Sa 9 bis 13 Uhr, Eintritt 1 CYL, Zénon Kitieus Street 4*

Insider Tipp
Städtische Kunstgalerie
Ausstellung zeitgenössischer Kunst in alten Lagerhäusern von 1881. *Di–Fr 10–13 und 16–18 Uhr (Juni bis Sept. 17–19), Sa 10–13 Uhr, Okt.–Mai auch So 10–13 Uhr, Eintritt frei, Europe Square*

ESSEN & TRINKEN

To Dichoro
Familiär geführte Taverne in einem ansprechend restaurierten Teil der Altstadt. *Tgl. 11–24 Uhr, Watkins Street 8,* €

Zephyros Beach Tavern
Taverne am Fischerhafen mit Spezialitäten wie Täubchen, Kaninchen und Schnecken. *Tgl. 12–16 und 18–24 Uhr, Psarolímano,* €€€

EINKAUFEN

Heliotropio Gallery
Verkaufsausstellung von Werken griechischer und zypriotischer Maler. *Mo, Mi–Sa 11–13 und 17 bis 20 Uhr, Gríva Digéni Avenue 3*

Staatliches Kunsthandwerkszentrum
Hier gibt's einen Überblick über die Arbeiten einheimischer Kunsthandwerker. *Kosmá Lyssiótis Street 6*

ÜBERNACHTEN

Atrium Zenon Hotel Apartments
Modernes Apartmenthotel im Stadtzentrum. *77 Apts., Zenónos Pierídes/Ecke Kitiéos Street, Tel. 04/62 01 00, Fax 62 01 05,* €

Four Lanterns
Das ältestes Hotel der Stadt stammt aus Kolonialzeiten und wurde kürzlich renoviert. Direkt an der Uferpromenade gelegen. *56 Zi., Athens Street 19–24, Tel. 04/65 20 11, Fax 62 60 12, crown@cytanet. com.cy,* €€

AGÍA NÁPA UND LÁRNAKA

Pavion
Einfache Pension im Zentrum der Altstadt. *10 Zi., St. Lazarus Square 11, Tel. 04/65 66 88, Fax 65 81 65,* €

SPORT & STRÄNDE

Wer nicht am feinsandigen, aber oft vollen Stadtstrand baden möchte, kann vom Busbahnhof der Firma Makris am Demokratias Square halbstündlich zu den langen, aber schmaleren Sandstränden westlich und östlich der Stadt fahren. Dort gibt es vor den Hotels auch Wassersportmöglichkeiten aller Art.

AM ABEND

Art Café 1900
Stimmungsvolles Künstlercafé. Gelegentlich Livemusik. *Tgl. 9–14 und 18–24 Uhr; Stasinoú Street 6*

Black Turtle Tavern
Taverne im ersten Stock eines alten Hauses nahe der Lazarus-Kirche. *Tgl. ab 20 Uhr; Mi, Fr, Sa Livemusik ab 21.30 Uhr; Méhmet Alí Street 11,* €€

AUSKUNFT

Cyprus Tourism Organization
Lárnaka Airport, Tel. 04/64 35 76; Vasiléos Pavloú Square, Tel. 04/65 43 22

ZIELE IN DER UMGEBUNG

Choirokoitía (Khirokitia) [130 B4]
★ Die besterhaltene von rund 50 für die Jungsteinzeit nachweisbaren Siedlungen auf Zypern versetzt einen in großes Erstaunen. Dass hier schon vor 8000 Jahren Menschen

Steinzeitdorf Choirokoitía

in einem Dorf aus Steinhäusern lebten, ist für Mitteleuropäer eine Überraschung, denn Vergleichbares ist in Westeuropa nicht zu finden.

Gegen Feinde war das Dorf durch eine Stadtmauer geschützt. Auf den Hügel führt ein Pfad. Gegenüber sind Reste der Stadtmauer gut zu erkennen. Die Rundhütten, von denen einige rekonstruiert wurden, standen eng aneinander. Die vielleicht 1000 Dorfbewohner scheinen eine familienähnliche Gemeinschaft gebildet zu haben. Die größte Hütte hatte einen Durchmesser von fast 10 m. Die Mauern waren bis zu 3 m dick. In einigen der größeren Hütten weisen steinerne Pfeiler auf ein hölzernes Zwischengeschoss hin. Zum Bau der Häuser nutzte man neben unbehauenen Steinen auch Stampferde und ungebrannte Lehmziegel.

In mehreren Hütten haben die Archäologen unter dem Fußboden Skelette gefunden, auf denen jeweils ein schwerer Stein lag. Offenbar fürchteten die Lebenden eine Rückkehr der Toten. Außerdem fand man Knochen und Speisereste, die verraten, wovon sich die Menschen vor 8000 Jahren ernährten. Sie aßen das Fleisch von Schweinen, Schafen, Ziegen und Damwild,

35

LÁRNAKA

Muscheln, Fische und Pistazien, Feigen, Oliven, Gerste, Weizen, Linsen und Erbsen. *Tgl. 9–17 Uhr (Mai–Okt. bis 19.30 Uhr), Eintritt 75 c. 31 km*

Hala Sultan Tekkesi [123 D6]

★ Am Salzsee von Lárnaka steht zwischen Dattelpalmen und Zypressen das einst wichtigste islamische Heiligtum, heute das beliebteste Fotomotiv der Insel.

Als die Araber 647 Zypern erstmals überfielen, war auch eine edle Frau dabei, die den Propheten Mohammed gut gekannt hatte. An der Stelle, an der heute die Moschee steht, stürzte sie vom Maultier und starb. Ihr Grab wurde später zu einer Wallfahrtsstätte, an die sich die Moslems noch erinnerten, als die Türken die Insel 1571 eroberten. Aber erst 1816 ließ der türkische Statthalter auf Zypern diese Moschee erbauen, der dann später einige Pilgerunterkünfte angeschlossen wurden. Die Moschee ist sehr schlicht. Vom Betsaal aus, der nicht mit Schuhen betreten werden darf, geht man in einen Anbau, wo im Halbdunkel die Grabstätte der verehrten Frau zu finden ist. *Tgl. 9 bis 19.30 Uhr (Okt.–Mai nur bis 17 Uhr), Eintritt frei. 7 km*

Kíti [131 F4]

Im Zentrum des Dorfes steht auf einem schön gemauerten Platz mit großen Terpentinbäumen die Kirche ★ *Panagía Angeloktístos*. Der Bau, zusammengesetzt aus einer gotischen Kapelle aus Kreuzritterzeiten und einer byzantinischen Kirche, entstand an der Stelle einer frühchristlichen Basilika. Deren Apsiswölbung war mit einem Mosaik von Weltrang geschmückt gewesen, das man in den Kirchenneubau des 10. Jhs. mit einbezog.

Das Mosaik zeigt in prächtigen Farben vor goldenem Hintergrund Maria mit dem Christuskind auf

Hala Sultan Tekkesi: Die Moschee zieht nicht nur Fotografen magisch an

AGÍA NÁPA UND LÁRNAKA

dem Arm auf einem mit Edelsteinen besetzten Podest. Von links und rechts schreitet je ein Erzengel heran. Eingerahmt wird die Darstellung von einem Baum aus stilisierten Blättern und Blüten, Enten, Hirschen und Papageien, Vasen und einem Kreuz in der Mitte. *Mo–Sa 8–19.30 Uhr, So 9–12 und 14–17 Uhr, Eintritt frei. 12 km*

Kloster Ágios Minás [130 B4]

⭐ Das Nonnenkloster in einem von Hügeln umschlossenen Hochtal hat festungsartigen Charakter. In der Klosterkirche aus dem 18. Jh. hängen überwiegend neue Ikonen, die von den Nonnen hier selbst gemalt wurden. In einem Raum im ersten Stock des Zellentrakts kann man einer Schwester beim Ikonenmalen zusehen. Sie nimmt auch Aufträge an, deren Erledigung aber Monate dauert. *Tgl. 8–12 und 15–19 Uhr, Frauen müssen Röcke tragen, Eintritt frei. 45 km*

Insider Tipp

Kloster Stavrovoúni [122 B6]

⭐ Zyperns ältestes Kloster steht auf einem markanten Bergkegel, der 768 m hoch aus der Küstenebene aufragt. Bis fast auf den Gipfel hinauf führt eine 〰 serpentinenreiche Asphaltstraße, die grandiose Ausblicke auf die Berge und das Meer eröffnet.

Die heutigen Gebäude stammen aus dem 17./18. Jh. Ein Splitter des Kreuzes Christi soll in ein silberbeschlagenes Kreuz eingearbeitet sein, das außen rechts an der Ikonostase hängt.

Zum Kloster Stavrovoúni gehört das *Kloster Agía Varvára* am Fuß des Berges unmittelbar an der Asphaltstraße. Es dient den Mönchen als Wirtschaftshof, in dem sie auch her-

vorragenden Honig produzieren. *Kloster Agía Varvára tagsüber frei zugänglich; zum Kloster Stavrovoúni haben Frauen keinen Zutritt; tgl. 8–12 und 15–18 Uhr (Sept.–März 14–17 Uhr). 34 km*

Páno Léfkara [130 B3]

Das große Dorf in den Ausläufern des Tróodos-Gebirges ist die Heimat der als *lefkarítika* bekannten Hohlsaumstickereien. Sie werden ebenso wie Silberschmuck in Geschäften im Ort verkauft. Man sollte seine Aufmerksamkeit aber nicht nur darauf konzentrieren, sondern auch einen Spaziergang durch die stillen Gassen unternehmen und das *Stickerei- und Juweliermuseum* besuchen *(Mo–Do 9.30–16 Uhr, Fr und Sa 10–16 Uhr, Eintritt 75 c).* Übernachten können Sie in den modernen Dorfhotels *Agora* (mit Pool, *19 Zi., Tel. 04/34 29 01, Fax 34 29 05, €)* und *Lefkarama* (*Tel. und Fax 04/34 20 00, €). 38 km*

Insider Tipp

Pýrga [122 B5]

Neben der modernen Dorfkirche steht eine mittelalterliche Kapelle aus dem frühen 15. Jh. Ihre Wandmalereien tragen deutliche Zeichen der byzantinischen Tradition, wurden jedoch offenbar für römisch-katholische Auftraggeber gefertigt. So erfolgte die Beschriftung in lateinischen Buchstaben. Den Schlüssel erhält man im Kafenion gegenüber. *21 km*

Salzsee [123 D–E6]

Der Salzsee von Lárnaka, in dessen flachem Wasser im Winter viele Flamingos stehen, ist im Sommer trocken. Durch den Regen im Winter füllt sich der See dann wieder. *Am Stadtrand von Lárnaka*

37

LIMASSOL

Idealer Standort für Tagesausflüge

Von Limassol aus lassen sich viele der wichtigsten Sehenswürdigkeiten Zyperns bequem erreichen

Limassol (griechisch: Lemesós) liegt ziemlich genau im Zentrum der zypriotischen Südküste. Hinter dem Küstenstreifen steigen die Berge des Tróodos auf, der Ólympos als höchster Inselberg ist bei klarem Wetter gut zu sehen. Bei Limassol ist das Ufer flach, westlich und östlich davon überwiegen Fels- und Steilküste, von hier schiebt sich die Halbinsel Akrotíri, die zum größten Teil noch in britischem Besitz ist und einen Militärflughafen hat, weit ins Meer hinaus. An ihrem Ansatz liegt der zweite große Salzsee Zyperns.

Der Küstenstreifen um Limassol ist fruchtbar; es gedeihen Wein und zahlreiche andere Obstsorten. In mehreren kleinen Fabriken in und bei Limassol werden Fruchtsäfte und Obstkonserven hergestellt.

LIMASSOL

[129 D–E 4–5] Limassol (Lemesós), die zweitgrößte Stadt der Insel (156 000 Ew.), ist eine moderne Großstadt, die sich immer weiter

In der fruchtbaren Landschaft um Kolóssi wird auch Wein angebaut

ausbreitet. Die Altstadt ist, anders als in Nicosia, nur noch von untergeordneter Bedeutung und verliert auch als Einkaufszentrum an Gewicht. Limassol wirkt hektischer und viel geschäftiger als Nicosia oder Lárnaka; der Stadt fehlt das Urlaubsflair, das Lárnaka auszeichnet. An historischen Bauten ist Limassol arm, denn die Stadt wurde erst im Mittelalter gegründet. Erdbeben 1567 und 1584 sind die Ursache dafür, dass aus jener Zeit so gut wie nichts erhalten blieb.

Limassol ist der Standort der meisten zypriotischen Weinkellereien. Hier wird Bier gebraut, Ouzo destilliert, Brandy gebrannt und Likör hergestellt. Der Hafen von Limassol ist der wichtigste der Insel, auf Reede liegende Schiffe sind ein alltäglicher Anblick.

Der Tourismus konzentriert sich auf die Küste unmittelbar östlich der Stadt, wo es allerdings leider kaum Strände gibt. Ersatz schaffen ausgedehnte Hotelgärten mit Pools. Sehr bedeutsam für die zypriotische Wirtschaft sind schließlich auch die vielen Niederlassungen zahlreicher internationaler Firmen, u. a. Banken, die seit dem Bürgerkriegsbeginn im Libanon ihre Zentralen für

LIMASSOL

den Nahen Osten nach Zypern verlegt haben.

Die zentrale Lage macht Limassol zu einem idealen Standort für Urlauber, die vor allem viele Tagesausflüge unternehmen möchten.

SEHENSWERTES

Kellereien

Die vier großen Weinkellereien von Limassol, *Keo, Sodap, Etko* und *Loel,* sowie die *Keo-Brauerei* können vormittags besichtigt werden. Nach den Terminen erkundigen Sie sich am besten im Hotel oder bei der Tourist-Information. *Alle Kellereien liegen an der Straße vom Stadtzentrum zum Hafen*

Stadtpark und Zoo

Im Stadtpark hat man einen kleinen Zoo angelegt, der eigentlich einen Fall für Tierschutzvereine darstellt. Naturfreunde sollten ihn dennoch besuchen, da es hier das zypriotische Wildschaf, das Mufflon, zu sehen gibt. *An der Uferstraße*

MUSEEN

Archäologisches Bezirksmuseum

Der Besuch dieses kleinen Museums ist nur für archäologisch Interessierte ratsam. Es werden zweitrangige Funde aus dem Gebiet um Limassol gezeigt. Als Objekte des täglichen Lebens sind Schlüssel aus dem 5. bis 3. Jh. v. Chr. interessant. *Mo–Fr 7.30 bis 17 Uhr, Sa 9–17 Uhr, So 10 bis 13 Uhr, Eintritt 75 c, Cannings/ Ecke Byron Street*

Folklore-Museum

In sechs Räumen eines 1924 erbauten Hauses sind Gerätschaften,

Trachten, Möbel und kunsthandwerkliche Erzeugnisse aus den letzten Jahrhunderten zu sehen. *Mo bis Fr 8.30–13.30 Uhr, Mo, Di, Mi, Fr auch 15–17.30 Uhr (Juni bis Sept. 16–18.30 Uhr), Eintritt 30 c, Ágios Andréas Street 253*

Museum des zypriotischen Mittelalters

In der Burg aus dem 14. Jh. sind neben Grabplatten, Rüstungen und Waffen auch Fotos mittelalterlicher Bauten Zyperns ausgestellt. Vom Dach der Burg aus hat man einen guten Blick über Limassol. *Mo–Sa 9–17 Uhr, So 10–13 Uhr, Eintritt 1 CYL, Irinis Street*

ESSEN & TRINKEN

Fiesta

Exzellentes Steakrestaurant, in dem auch Mese serviert wird. Die Terrasse bietet einen schönen Blick auf das Meer. *Potamos Germasogias, George A' Avenue (500 m östlich vom Hotel Apollonia Beach),* €

Ladas Old Harbour

Renommierte Fischtaverne am alten Hafen am westlichen Ende der Uferstraße. *Mo–Sa ab 12 Uhr, Agías Theklís Street,* €€€

Nitayia

Insider Tipp

Sehr gepflegtes Restaurant mit chinesischer, thailändischer und japanischer Küche am alten Hafen. *Tgl. ab 17 Uhr, Agías Theklís Street,* €€

The Old Neighbourhood

Insider Tipp

Kleine, ursprünglich gebliebene Taverne in der Altstadt mit richtig guter Hausmannskost. Abends wird häufig musiziert. *Tgl. ab 18 Uhr, Ódos Ángyras (Ankaras) 14,* €

LIMASSOL

MARCO POLO Highlights »Limassol«

★ **Markthallen**
Zyperns kulinarische
Köstlichkeiten (Seite 41)

★ **Apollo Hylates**
In Koúrion steht Zyperns
einziger Tempel (Seite 43)

★ **Amphitheater in Koúrion**
Blick auf Bühne und Meer
(Seite 44)

★ **Fasoúri**
Zypressenallee durch
Plantagen (Seite 42)

★ **Kolóssi**
Eine Burg, die vom Zucker
lebte (Seite 43)

★ **Bunch of Grapes Inn**
Zyperns stimmungsvollstes
Hotel in Pissoúri (Seite 45)

EINKAUFEN

Markthallen

★ Die größten und interessantesten der Insel, 2001 modernisiert. Hier werden neben Fisch und Fleisch, Obst und Gemüse auch Korbwaren und lebendiges Kleinvieh sowie zahlreiche zypriotische Spezialitäten angeboten. *Zwischen Kanáris und Athens Street*

Staatliches Kunsthandwerkszentrum

Das Kunstgewerbe der Insel im Überblick. *Themidós Street 25*

ÜBERNACHTEN

Aquamarina

Modernes Hotel an der Uferstraße am Rand der Altstadt. *70 Zi., Spirídon Araoúzos Street 139, Tel. 05/37 42 77, Fax 37 40 86, www. dhcyprotels.com,* €

Hawai Grand & Resort

Luxushotel mit 255 Zimmern, Pool und Strand. *Old Lefkosía-Lemesós Road, Amathus Area, Tel. 05/* 31 13 33, Fax 31 18 88, www.ha waiihotel.com, €€€

Luxor

🏃 Sehr einfache Pension an der Haupteinkaufsstraße der Altstadt. *15 Zi., Ágios Andréas Street 101, Tel. 05/36 22 65,* €

SPORT & STRÄNDE

Im Stadtgebiet von Limassol baden nur Einheimische. Vor den Hotels im Westen der Stadt liegen kleine Sandstrände; hier werden alle Wassersportarten geboten. Schönere Strände sind jedoch Lady Mile Beach, Koúrion Beach und Governor's Beach. *Insider Tipp*

AM ABEND

Edo Lemesós *Insider Tipp*

Gepflegtes Mese-Restaurant mit griechischer Livemusik. *Irínis Street 111,* €€€

Kyrenia Tavern

Große Taverne mit Folkloreshow *(Mi)* und Bouzoukibetrieb *(Fr–So)*.

41

LIMASSOL

Imposant ist die Governor's Beach bei Limassol

Zakákia, Franklin Roosevelt Avenue, €€€

AUSKUNFT

Cyprus Tourism Organization
Spýrou Araoúzou Avenue 115 A, am alten Hafen, Tel. 05/36 27 56; George A' Street 35, Germasógeia, im Hotelviertel, Tel. 05/32 32 11

ZIELE IN DER UMGEBUNG

Alt-Amathoús [129 E4]
In der Antike lag auf Teilen der heutigen Hotelstadt das Stadtkönigreich Amathoús, das ähnlich wie Kíti, das heutige Lárnaka, bis in die Mitte des ersten vorchristlichen Jahrtausends nicht hellenisiert war, sondern unter phönizischem Einfluss stand.

Von der antiken Stadt blieb kaum etwas erhalten. Östlich des Hotels Amathus Beach sind auf der linken Straßenseite die Reste der antiken Agorá und einer frühchristlichen Basilika zu besichtigen. *Tgl. 9–17 Uhr (Mai–Okt. bis 19.30 Uhr), Eintritt 75 c. 9 km*

Fasoúri [128 C5]
★ Im Südwesten von Limassol erwartet Sie eine üppig grüne Plantagenlandschaft, durch die eine kilometerlange Zypressenallee führt. Im Schutz von Baumhecken gedeihen Zitronen, Orangen und Pampelmusen; neuerdings wagt man auch den Anbau exotischer Früchte wie Avocados und Kiwis. Spaziergänge in den Plantagen sind zwar nicht möglich, doch ist schon die Fahrt auf der Zypressenallee ein Erlebnis. *5–10 km*

Kolóssi [128 C4]
Am Nordwestrand der Plantagen von Fasoúri ragt zwischen Zypressen der braune ❀ Festungsturm der Burg von Kolóssi auf. Von seinem Dach aus hat man einen wei-

42

LIMASSOL

ten Blick über die grüne Oase bis hin zum Meer, dem Tróodos und den Hochhäusern von Limassol.

Die ★ Burg von Kolóssi ist ein Werk der Johanniterritter, die im Zeitalter der Kreuzzüge für die Krankenpflege im Heiligen Land und an den Pilgerwegen dorthin zuständig waren. Als das Geschlecht der Lusignans Zypern erobert hatte, suchten sie nach Verbündeten, die zusammen mit ihrem zahlenmäßig schwachen Heer die Insel gegen Feinde verteidigen könnten. Sie fanden sie in den Kreuzritterorden, allen voran bei den Johannitern. Diese erhielten Kolóssi und Ländereien mit 60 Dörfern samt Bewohnern zum Geschenk und gründeten dort eine Außenstelle ihres Ordens. Nachdem sie 1291 von den Arabern aus Palästina ganz vertrieben wurden, machten sie Zypern vorübergehend zu ihrem Hauptquartier, bevor sie 1309 nach Rhodos zogen. Aber auch von dort aus verwalteten sie weiterhin ihren Besitz auf Zypern.

Die Burg von Kolóssi war der Wohnsitz des Statthalters und diente zugleich als Verwaltungssitz für die Ländereien, auf denen vor allem Wein und Zuckerrohr wuchsen. Aus den Trauben gewann man einen schweren Südwein, der heute noch produziert wird, den *commandaria*. Aus dem Zuckerrohr machte man Zucker, der bis nach Venedig exportiert wurde.

Die Burg, die im Bauzustand des späten 15. Jhs. erhalten ist, war von einer Mauer umgeben. Im Keller des Baus lagen die Vorratsräume mit Zisternen zum Auffangen des Regenwassers; in den beiden Geschossen darüber lebten und arbeiteten die Ritter.

Neben einem gewaltigen Macherienbaum, der sich an der Ostseite der Burg befindet, endet ein mittelalterlicher Aquädukt. Das damit herbeigeführte Wasser trieb die Mühlräder an, mit denen das Zuckerrohr ausgepresst wurde. Im benachbarten hallenartigen Bau fand dann die eigentliche Zuckerproduktion statt. *Tgl. 9–19.30 Uhr (Okt. bis Mai nur bis 17 Uhr), Eintritt 75 c. 12 km*

Koúrion [128 A–B 4–5]

◣◢ Die neben Páfos sehenswerteste archäologische Stätte an der Südküste erstreckt sich über ein Plateau westlich von Limassol. In dieser landschaftlich reizvollen Umgebung sind ein Amphitheater, Thermen, Mosaike, die Grundmauern zahlreicher städtischer Gebäude, ein Stadion und ein großes Apollon-Heiligtum sowie die immer noch eindrucksvollen Überreste einer großen frühchristlichen Basilika erhalten geblieben.

Die in römischer Zeit Curium benannte Stadt existierte schon zu Beginn des 1. Jahrtausends v. Chr. Die heute noch sichtbaren Teile aber stammen nahezu alle aus römischer und sogar frühchristlicher Zeit, also aus den ersten sechs Jahrhunderten nach der Zeitenwende.

Sie beginnen die Besichtigung am besten im ★ *Heiligtum des Apollo Hylates* am ehemaligen Westrand der Stadt. Der Gott wurde hier als Beschützer des Waldes und der wilden Tiere verehrt. Im heiligen Bezirk sieht man die Grundmauern mehrerer Pilgerherbergen, der Priesterwohnung und römischer Thermen sowie einen teilweise rekonstruierten Tempel aus dem 1. Jh. n. Chr. Links der hei-

43

LIMASSOL

Das Amphitheater von Kourion stammt aus dem 2. Jh. n. Chr.

ligen Straße, die auf die Tempelfassade zuführt, ist hinter einem Drahtzaun ein felsiges Rund mit mehreren Vertiefungen zu erkennen. In diesen Löchern waren Bäume gepflanzt, die die Pilger umtanzten, um damit die Waldgottheit zu ehren.

Auf dem Weg vom Apollon-Heiligtum zurück in Richtung Limassol und des Zentrums des antiken Koúrion passiert man das an der Hauptstraße gelegene *Stadion* aus römischer Zeit. Es fasste auf sieben Sitzreihen, von denen nur ein kleines Stück restauriert wurde, etwa 6000 Zuschauer.

In den Ausgrabungen der Stadt Koúrion besichtigen Sie am besten zunächst das ★ ☼ *Amphitheater*, das in dieser Form im 2. Jh. n. Chr. angelegt wurde und 3500 Zuschauern Raum bot. Von den Sitzreihen aus hat man einen faszinierenden Blick auf den Strand von Koúrion und die Halbinsel Akrotíri.

Neben dem Theater sollten Sie sich die *Mosaike* im *Haus des Eustolios* anschauen, die für die Archäologen von besonderem Interesse sind, weil sie schon aus christlicher Zeit, nämlich dem frühen 5. Jh., stammen. Zu dieser Zeit waren Darstellungen von biblischen Szenen und Heiligen noch nicht üblich; stattdessen bildete man Vögel und geometrische Muster ab. In Inschriften im Boden ist schon Christus genannt. Die einzige menschliche Darstellung zeigt das vielleicht noch heidnische Bild der *Ktisis,* einer Verkörperung der Schöpferkraft. Sie hält eine Maßeinheit (einen römischen »Fuß«) in der Hand.

Wie die meisten dieser Mosaike stammt auch die große *Basilika* am anderen Ende der Ausgrabungen von Koúrion aus dem 5. Jh., also aus einer Zeit, in der sich der Wandel vom heidnischen zum christlichen Koúrion vollzog. Die fünfschiffige Basilika muss von unerhört aufwändiger Pracht gewesen sein, wie Reste von Fußbodenmosaiken, heruntergefallene Dachziegel sowie die Brunnenanlagen in zwei Vorhöfen zeigen. An die eigentliche Basilika im Norden angebaut war eine kleinere Taufbasilika, in der noch das kreuzförmige Taufbecken erhalten ist. Wie heute nach wie vor in der orthodoxen Kirche wurden die frühen Christen ja durch das Untertauchen des ganzen Körpers getauft: Die meisten Täuflinge im 5. Jh. waren Erwachsene, deswegen haben frühchristliche Taufbecken die hier sichtbare Gestalt.

Gegenüber der Basilika liegt das weitläufige Ruinenfeld der so genannten *Akropolis*, sozusagen die

LIMASSOL

Russen in Limassol

Wie Zypern zum bedeutendsten Investor in Russland wurde

Russisch ist in Limassol inzwischen ebenso wichtig geworden wie Englisch. Speisekarten und Hinweisschilder gibt's auch in Kyrillisch. Der Rubel rollt. Und nicht nur der. Limassol ist eine riesige Geldwaschanlage. Viele Russen haben hier ihre Schwarzgelder in neu gegründeten Offshore-Firmen angelegt und investieren das dadurch sauber gewordene Geld sogleich wieder in den ehemaligen Staaten der Sowjetunion. Zypern ist so auf dem Papier zum größten Investor in Russland geworden, noch weit vor den USA, Holland und Deutschland.

Innenstadt des alten Koúrion. Neben vielen Grundmauern und den Überresten der Thermen mit einer *Nymphäum* genannten Brunnenanlage sind nahe dem Zaun an der Hauptstraße drei römische Mosaike im Boden zu sehen. Eins zeigt in zwei Feldern Gladiatorenkämpfe, eins den Raub des Ganymed durch Zeus in Gestalt eines Adlers, ein drittes Odysseus, wie er den auf der Insel Skíros von seiner Mutter Thetis versteckten Achilles entdeckt. *Tgl. 8–19.30 Uhr (Okt.–Mai nur bis 17 Uhr), Eintritt Apollon-Heiligtum 1 CYL, Koúrion 75 c. 15 km*

Pissoúri   [127 E4 und F5]

Gute Hotels gibt es viele auf Zypern, originelle hingegen kaum. Das ★ *Bunch of Grapes Inn (Tel. 05/22 12 75, Fax 22 25 10, Hotel €, Restaurant €€)* im küstennahen Bergdorf Pissoúri ist da eine stimmungsvolle Ausnahme. Das alte Steingebäude war einst ein Bauernhaus. Die elf einfachen Zimmer liegen an einem romantischen Innenhof, der im Sommer als Bar und Restaurant genutzt wird. Hier kön-

nen auch Gäste die Atmosphäre genießen, die nicht im Hotel wohnen.

Besondere touristische Bedeutung hat Pissoúri 2000 durch ein modernes ◆ *Amphitheater* für etwa 1000 Zuschauer und mit prächtigem Blick auf die Küstenlandschaft und das Meer erhalten. Hier werden im Sommer gelegentlich antike Dramen und Shakespeare-Stücke aufgeführt.

4 km unterhalb des Dorfes stehen am Sandkiesstrand das Badehotel *Columbia Beach (129 Zi., Tel. 05/22 12 01, Fax 22 15 05, www. columbia-hotels.com, €€)* und einige Tavernen. *38 km*

Yermasóyia (Germasógeia)   [129 E3–4]

Das große Dorf oberhalb des Hotelviertels von Limassol ist zwar kein Ausflugsziel für Rundreisende, aber ein netter Ort für Limassolurlauber. Hier kann man noch etwas Dorfleben sehen und in einer der Tavernen ein üppiges Mese bestellen, z. B. in der *Flogera Tavern (20–1 Uhr, €)*, in der Bouzoukispieler von Tisch zu Tisch gehen. *9 km*

45

NICOSIA

Die geteilte Hauptstadt

Mitten durch Nicosia verläuft die Green Line, die Grenze zwischen dem türkisch besetzten und dem freien Teil Zyperns

Über ein Viertel aller Zyprioten lebt in Nicosia (Lefkosía) und Umgebung. Die Stadt liegt im Zentrum der Mesaória-Ebene zwischen dem Kyrénia-Gebirge im Norden, dem Tróodos-Gebirge im Südwesten und niedrigen, oft tafelbergartigen Ausläufern des Tróodos im Südosten. Die Gipfel des Kyrénia- sowie die sanften, ihre Höhe verleugnenden Kuppen des Tróodos-Gebirges sind an vielen Tagen von der Inselhauptstadt aus zu sehen.

Markt in Nicosia

Die günstige Lage in der Ebene ermöglicht Nicosia ein ungehemmtes Wachstum. Die Stadt bietet vielen Menschen Arbeit in Regierung und Verwaltung, im Handel, im Dienstleistungsgewerbe und in der Industrie. Etwa die Hälfte aller zypriotischen Herstellungsbetriebe ist im Großraum von Nicosia angesiedelt. Produziert werden vor allem Schuhe, Textilien und Papier. Der Tourismus spielt in Nicosia und Umgebung keine große Rolle. Die meisten Besucher kommen nur auf Tagesausflügen von der Küste aus hierher, zumal es im Binnenland ja auch fast immer noch um zwei bis drei Grad heißer ist als am Meer. So flüchten denn auch die Bewohner der Hauptstadt an Sommerabenden und -sonntagen gern aus dem Häusermeer an die See oder in die Gebirgsdörfer.

In der Umgebung von Nicosia dehnen sich die Vorstädte zwar immer weiter aus und beherbergen viele Pendler, gleichzeitig wird in der fruchtbaren Ebene aber auch intensiv Landwirtschaft betrieben. Die Hauptrolle spielt der Anbau von Weizen und Gerste.

Die zur Ebene hin abfallenden Hänge des Tróodos sind großenteils bewaldet. An ihnen liegen einige wenige Dörfer, noch bewohnte Klöster und interessante Kirchen, die man am besten vom Standort Nicosia aus besucht.

Das moderne Denkmal in Nicosia erinnert an die Befreiung von der britischen Kolonialmacht

NICOSIA

NICOSIA

 Karte in der hinteren Umschlagklappe

[121 E–F 1–2] Um einen flüchtigen Eindruck von Nicosia (196 000 Ew.) zu bekommen, genügt ein Tag. Wer die Stadt jedoch gut kennen lernen und auch die Sehenswürdigkeiten in der Umgebung besuchen möchte, sollte zwei bis drei Nächte in Nicosia einplanen. Dann ist auch ein Rundgang durch den türkisch besetzten Teil der Altstadt möglich. Mitten durch die Mesaória verläuft ja die Green Line, die Zypern und auch Nicosia teilt. Der einzige Übergang für Ausländer liegt in der Inselhauptstadt.

Nicosia ist zwar eine über 3000 Jahre alte Stadt, doch war sie in der Antike relativ bedeutungslos. Wohlhabender und einflussreicher waren das kupferreiche Tamassós (beim heutigen Dorf Politikó) und Idalion (das heutige Dháli) mit seinem Aphrodite-Heiligtum. Nicosia selbst wird im 7. Jh. v. Chr. erstmals in einer Aufstellung der den Assyrern tributpflichtigen zyprischen Stadtkönigtümer erwähnt und trug damals den Namen Ledra. Im 3. Jh. v. Chr. wurde sie vom Ptolemäerprinzen Lefkos als Lefkosía neu gegründet, im 6. Jh. v. Chr. eroberte Sálamis die Stadt. Inselhauptstadt wurde sie erst 1192 unter den Lusignans, die sie Nicosia nannten. Bei den Griechen heißt sie noch heute Lefkosía, bei den Türken Lefkoscha.

Nicosia ist in doppelter Hinsicht zweigeteilt. Von einem erhöhten Standpunkt aus erkennt man deutlich den knapp 5 km langen Mauerring, der die Altstadt mit ihren kleinen Häusern umgibt, zwischen denen Kirchtürme und Minarette aufragen. Um die Altstadt herum ist das moderne Nicosia gewachsen, in der Republik Zypern üppig, im türkisch besetzten Norden eher bescheiden.

Die Trennlinie zwischen Nord und Süd verläuft mitten durch die Altstadt. Sie wird durch eine Mauer markiert, die mit Sandsäcken und leeren Ölfässern verstärkt ist; manchmal bilden auch Hauswände die Grenze.

Die Altstadt ist der einzig interessante Teil von Nicosia – auf beiden Seiten der Mauer. Hier stehen die meisten Museen und alle historischen Sehenswürdigkeiten, hier herrscht in den Haupteinkaufsstraßen Ledra und Onasgoras Street buntes Treiben. Im Altstadtviertel Laikí Gitoniá kann man auch die Abende sehr angenehm verbringen. Die Neustadt hingegen mit ihren beiden Hauptachsen, der Makários und der Evagoras Avenue, hat keinen Charme und kann getrost vernachlässigt werden. Es dürfte genügen, wenn man vom Auto oder Bus aus einen Blick auf die sympathisch bescheidenen Regierungsgebäude und Ministerien wirft.

SEHENSWERTES

Ágios-Giannis-Kathedrale [U E4]
Die orthodoxe Kathedrale der Stadt ist ein überraschend kleiner Bau aus dem Jahr 1662, der auf den Ruinen einer Kreuzritterkirche erstand. Der Innenraum wurde zwischen 1736 und 1756 vollständig ausgemalt.

Besonders auffällig ist die Darstellung der Kreuzigung Jesu, die mit ihrer Bewegtheit und ihrem Fi-

NICOSIA

gurenreichtum an westliche Gemälde erinnert und dennoch alle den Byzantinern wichtigen theologischen Aussagen einbezieht. So tropft Blut aus der Fußwunde des Gekreuzigten auf den Totenschädel Adams, um zu zeigen, dass durch Jesu Opfer die Toten zum Leben erweckt werden. Ein Engel schwebt herbei, um das Blut Christi in einem Kelch aufzufangen, der ans Abendmahl erinnern soll. Sonne und Mond, beide mit Gesichtern gemalt, verkünden, dass der Gekreuzigte der Herrscher über den Kosmos ist. Interessant ist bei dieser Malerei auch die Darstellung mehrerer Soldaten am rechten unteren Bildrand, die deutlich erkennbar türkische Kleidung aus der Entstehungszeit des Bildes tragen.

Auch die Abbildung des Jüngsten Gerichts über der heutigen Eingangstür zeigt aussagekräftige Details: Der Herr der Hölle im rechten unteren Bildrand hält den Verräter Judas im Schoß und zwischen den Beinen die schöne Salome, die von Herodes die Enthauptung Johannes des Täufers verlangte.

Die Darstellungen der ersten sieben ökumenischen Konzilien im hinteren Teil der Kirche sollen dazu ermahnen, nicht von den dort verkündeten Glaubensauffassungen abzuweichen.

Vom historischen Ereignis, das zur Gründung der zypriotischen Nationalkirche führte, erzählen vier Bildfelder an der rechten Wand neben dem Thron des Erzbischofs: Da erscheint der Apostel Barnabas dem Bischof Anthemios im Traum, um ihm zu verkünden, wo sein Grab zu finden sei. Anthemios zieht an den angegeben Ort und findet den Leichnam des Apostels unversehrt mit einem Matthäusevangelium in der Hand. Er übergibt es dem Kaiser Zenon in Konstantinopel und erhält die Insignien des Erzbischofs von Zypern: ein Zepter, ein purpurnes Gewand und rote Tinte. *Mo–Sa 8–12 und Mo–Fr 14–16 Uhr, Eintritt frei, Archbishop Kiprianós Square*

MARCO POLO **Highlights »Nicosia«**

⭐ **Zypern-Museum**
Die Schätze des Altertums auf einen Blick (Seite 52)

⭐ **Selim-Moschee**
Gotische Architektur und der Ruf des Muezzins im besetzten Teil der Insel (Seite 59)

⭐ **Laikí Gitoniá**
Romantische Atmosphäre und gutes Essen in der Altstadt (Seite 50)

⭐ **Taverne Xefoto**
Gutes Essen, nette Atmosphäre und abends griechische Livemusik (Seite 54)

⭐ **Ikonen-Museum**
Das Wertvollste aus zypriotischen Kirchen (Seite 51)

⭐ **Asinoú**
900-jährige Wandmalereien als Weltkulturerbe der Menschheit (Seite 56)

NICOSIA

Erzbischöflicher Palast

Erzbischöflicher Palast [U E4]
Als Zypern 1960 unabhängig wurde, ließ sich Makários III. in der Altstadt einen weitläufigen Palast bauen. Hier residierte er bis 1977 als Erzbischof und Staatspräsident zugleich. Seine nicht unumstritten monumentale Statue steht heute vor dem Palast, in dem jetzt Erzbischof Chrisóstomos seinen Sitz hat. Der Staatspräsident hingegen bewohnt ein weitaus bescheideneres Haus in der Neustadt. *Keine Innenbesichtigung möglich, Archbishop Kiprianós Square*

Famagusta-Tor [U F4]
Das Stadttor aus venezianischer Zeit dient heute als Kulturzentrum, in dem Vorträge, Ausstellungen, Konzerte und Theateraufführungen stattfinden. Das Tor, unter den Venezianern Porta Giuliana genannt, besteht aus einem 35 m langen Gang, der aus der Stadt in den Wallgraben führt. Links und rechts des Durchgangs lagen die Räume der Wachmannschaften. *Mo–Fr 10–13 und 16–19 Uhr (Aug. 17–20 Uhr), Nikifóros Phókas Avenue*

Freiheitsdenkmal [U E–F5]
Das moderne Denkmal auf der Stadtmauer gegenüber vom Neuen Erzbischöflichen Palast zeigt die Befreiung des zypriotischen Volkes von der britischen Kolonialherrschaft durch die Freiheitskämpfer der EOKA und wird von der Statue der personifizierten Freiheit bekrönt. *Nikifóros Phókas Avenue*

Laikí Gitoniá [U C5]
★ Viele Häuser in der Altstadt von Nicosia müssten dringend renoviert werden. In einem kleinen, zentral gelegenen Teil hat die Stadt diese Aufgabe übernommen: in der Laikí Gitoniá. Seit 1984 wurde hier ein romantischer Winkel geschaffen, mit mehreren stimmungsvollen Tavernen und einigen Souvenirgeschäften. Hier herrscht die südländische Stimmung, die man im Urlaub sucht und genießt. *Zwischen Regaena und Hippocrates Street*

Maronitenviertel [U B4] *Insí Tip*
Die Maroniten sind eine christliche Glaubensgemeinschaft aus dem Libanon. Etwa 7000 von ihnen leben auf Zypern. Ihre Vorfahren sind schon vor langer Zeit eingewandert. Die zypriotischen Maroniten sprechen Griechisch als Muttersprache und sind ganz normale Staatsbürger. Die maronitische Kirche ist mit der römisch-katholischen uniert und erkennt den Papst als Oberhaupt an.

Das traditionelle Wohnviertel der Maroniten liegt im westlichen Teil der Altstadt. Hier steht auch ihre moderne Bischofskirche, deren Fassade und Apsis mit Mosaiken geschmückt sind, die an byzantinische Vorbilder erinnern, jedoch lateinische Inschriften tragen. Das Innere der Kirche ist weitgehend

NICOSIA

schmucklos. *Schlüssel im Bischofsamt neben der Kirche, zwischen Arsinóe und Páfos Street*

Stadtmauern

Die Stadtmauer aus venezianischer Zeit, auf der heute auf weiten Strecken eine Straße verläuft, war durch elf Bastionen verstärkt. Nur drei Tore führten ursprünglich hindurch: neben dem Famagusta-Tor **[U F4]** das Páfos-Tor **[U B4]** im Westen und das Kyrénia-Tor **[U C1]** im Norden. Der breite Wallgraben ist noch gut zu erkennen, obwohl in ihm jetzt Sportstätten und Parkplätze angelegt sind.

MUSEEN

Cyprus Jewellers Museum **[U C5]**
Gezeigt werden alter Schmuck und Werkzeuge. *Mo–Fr 10–16.30 Uhr, Eintritt frei, Laikí Gitoniá*

Folklore-Museum   **[U E4]**

Das volkskundliche Museum ist im alten Erzbischofspalast untergebracht. Zu großen Teilen stammt der Bau, ursprünglich als Benediktinerkloster errichtet, noch aus der Kreuzritterzeit. Ein Schwerpunkt der Sammlungen ist technisches Gerät aus der Zeit vor der Industrialisierung. Zu sehen sind Trachten und Webarbeiten, Hohlsaumstickereien aus Lefkara und schöne geschnitzte Holztruhen, Schmuck und Hausrat, Ikonen und naive Gemälde. *Mo–Fr 9–17 Uhr, Sa 10–13 Uhr, Eintritt 1 CYL, Archbishop Kiprianós Square*

Haus des
Hadjiyorgákis Kornésios   **[U E5]**

Das 1988 mit dem Europa-Nostra-Preis ausgezeichnete Museum zeigt den Lebensstil eines wohlhabenden Griechen auf Zypern im 18. Jh. Es nimmt einen ursprünglich wohl venezianischen Palast ein, in dem von 1779 bis 1809 Hadjiyorgákis Kornésios mit seiner Familie wohnte. Er hatte während dieser Zeit das Amt des Dragomans inne, des obersten christlichen Verwaltungsbeamten der Insel. Er überwachte für die christliche Kirche und den türkischen Sultan die Steuereintreibung bei den Christen und galt zugleich als Sprecher seiner Glaubensbrüder, der jederzeit direkten Zugang zum Sultan hatte.

Das Innere des gut restaurierten Hauses zeigt, wie orientalisch es auf Zypern während der Türkenherrschaft zuging. *Mo–Fr 8–14 Uhr, Sa 9–13 Uhr, Eintritt 75 c, Patriarch Gregórios Street*

Ikonen-Museum   **[U E4]**

★ Das in einem Seitentrakt des Neuen Erzbischofspalasts untergebrachte Museum zeigt in zwei Sälen weit über 100 der schönsten und wertvollsten zypriotischen Ikonen und Mosaike. Sie stammen aus dem 8. bis 18. Jh. und geben einen umfassenden Überblick über die verschiedenen Stilrichtungen, die westlichen Einflüsse und die Thematik byzantinischer Kunst. *Mo–Fr 9–16.30 Uhr, Sa 9–13 Uhr, Eintritt 1 CYL, Archbishop Kiprianós Square*

Levendis-Museum   **[U C5]**

Das Museum am Rande der Laikí Gitoniá präsentiert auf anschauliche Art Dokumente und Objekte, die das Leben in Nicosia während der letzten drei Jahrtausende illustrieren. *Di–So 10–16.30 Uhr, Eintritt frei, Hippocrates Street*

51

NICOSIA

Museum des nationalen Kampfes [U E4]

Das Museum zeigt erschütternde Zeugnisse aus dem Kampf der EOKA gegen die britische Kolonialherrschaft. U. a. Zeitungsausschnitte und Fotos, Briefe und die persönliche Habe von gehenkten Freiheitskämpfern, eine nachgebaute Galgenkammer und Waffen rufen die Ereignisse der Jahre 1955 bis 1960 ins Gedächtnis. *Mo–Fr 8–14 und 15–17 Uhr; Eintritt 25 c, Archbishop Kipriános Square*

Observatorium [U C5]
Insider Tipp
Vom 11. Stock des Woolworth-Hochhauses an der Ledra Street überblickt man durch Panoramascheiben ganz Nicosia. Ferngläser liegen bereit, über Tonband kann man sich in vielen Sprachen Erklärungen zur Stadtgeschichte anhören. *Tgl. 10–18.30 Uhr; Eintritt 50 c, Eingang in der Arsinóis Street*

Zypern-Museum [U A–B5]

★ Das schönste und wertvollste, was Archäologen auf Zypern fanden, ist in den 16 Sälen dieses angenehm kleinen und übersichtlichen Museums ausgestellt, das die Briten zu Beginn des Jahrhunderts erbauten. In zwei Stunden gewinnt man einen Überblick über die kulturelle Entwicklung der Insel von der Jungsteinzeit bis zum frühen Mittelalter.

Saal 1 zeigt, dass die Menschen vor fast 8000 Jahren schon gleiche Grundbedürfnisse hatten wie wir. Kreuzförmige Idole aus Andesit-Gestein, die wahrscheinlich wie Amulette getragen wurden, sollten ihre Besitzer vor übernatürlichem Übel bewahren. Halsketten wie die aus Röhrenmuscheln und Karneol

Skulpturen im Zypern-Museum

wurden als Schmuck getragen. Schalen aus Stein sowie Schüsseln und Krüge aus Ton dienten als Haushaltsgeräte. Auch diese frühe, 6000 Jahre alte Keramik verdeutlicht, dass der Mensch nicht nur nach funktionstüchtigen, sondern auch schönen Alltagsgegenständen strebte: Schüsseln und Krüge waren rot poliert und bemalt und häufig mit wellenförmigen Linien geschmückt, die mit einem kammartigen Werkzeug in die noch feuchte Farbe geritzt wurden. Man nennt diese frühe Keramikgattung deshalb auch Kammstrichware.

Saal 2 verrät etwas aus dem Leben in der frühen Bronzezeit. Drei schöne Terrakottamodelle zeigen Bauern beim Pflügen und Tempelszenen. Die rot-glänzenden Keramikgefäße entbehren noch jeder Schematik, sprechen für ein Den-

NICOSIA

ken, das noch nach einer Ordnung suchte. Da sind große Gefäße, die aus bis zu sieben kürbisförmigen Einzelteilen zusammengesetzt sind und andere, deren Ränder mit phantasievollen Menschen- und Tierkopfdarstellungen verziert sind.

Saal 3 präsentiert im »Schnelldurchgang« die weitere Geschichte der zypriotischen Keramik. Man sieht importiere Ware aus Athen, Kreta und Mykene, von wo der schöne Zeuskrater stammt. Er zeigt den Göttervater mit der Schicksalswaage, mit der die Zukunft der zur Schlacht aufbrechenden Krieger festgelegt wird. Prachtexemplare der einheimischen Keramik sind zwei Vasen im Freifeldstil aus dem 7. Jh. v. Chr. Die eine zeigt einen Stier, der an einer geöffneten Lotusblüte schnüffelt, die andere einen stilisierten Vogel, der einen Fisch im langen Schnabel hält.

Saal 4 zeigt einen Teil der rund 2000 Votivfiguren, die in einem archaischen Heiligtum an der Nordküste gefunden wurden. Sie werden so präsentiert, wie die Archäologen sie in der Erde entdeckt haben. Die kleinsten sind nur 10 cm hoch, manche erreichen aber auch Lebens-

größe. Die menschlichen Figuren sind so individuell, dass sie Porträts der Stifter darstellen könnten, die sich durch die Hinterlegung ihrer Statue unter den Schutz der Gottheit stellen wollten.

Saal 5 und 6 befassen sich mit der Entwicklung der Großskulptur auf Zypern. Anfangs sind die orientalischen Einflüsse noch stark, später setzt sich der Geist des Römischen Reiches durch. Besonders eindrucksvoll sind die erst kürzlich entdeckten archaischen Löwen aus Tamassós und die über 2 m hohe Bronzestatue des römischen Kaisers Septimus Severus.

Saal 7 ist inhaltlich zweigeteilt. In der vorderen Hälfte sind zahlreiche Objekte zu finden, die mit Zyperns Haupteinkommensquelle in der Antike, dem Kupfer, zusammenhängen. Man sieht Kupferbarren aus der Bronzezeit, die die Form gespannter Ochsenhäute haben, eine Kupferwaage und Produkte aus Kupfer wie Fleischspieße und Kultfiguren: den berühmten Gehörnten Gott von Enkomi und den Barrengott, der mit einem Speer bewaffnet auf einem Kupferbarren steht.

Sex in der Antike

Ein antikes Relief, das manche Fremdenführer erröten lässt

In der hinteren rechten Ecke des Saals 5 im Zypern-Museum steht ein unverfängliches Relief, das den Gott Dionysos zeigt. Nichts deutet darauf hin, dass die Rückseite des Steins ebenfalls bearbeitet ist; die wenigsten Museumsführer machen ihre Gäste darauf aufmerksam. Dargestellt ist ein in besonders artistischer Stellung kopulierendes Paar, wie man es freizügiger auch am berühmten indischen Tempel von Kajuraho nicht findet.

NICOSIA

Im hinteren Teil von Saal 7 ist ein römisches Mosaik aufgehängt, das Leda mit dem Schwan zeigt. In den Vitrinen sind römisches Glas, antike Münzen, antiker Schmuck und byzantinische Silberteller zu sehen. Herausragend sind eine Silberschale mit einem Fries von Stierköpfen zwischen Lotusblüten in eingeschmolzenem Gold und Niello aus der Spätbronzezeit sowie ein Zepter aus dem 11. Jh., das auf der Kugelspitze zwei Lämmergeier in Cloisonnétechnik zeigt.

Saal 8 zeigt in Rekonstruktionen, in denen selbst die Skelette nicht fehlen, wie Menschen von der Jungsteinzeit bis zum 5. Jh. v. Chr. bestattet wurden.

Im *Saal 9* sieht man Grabdenkmäler aus dem 6. bis 3. Jh. v. Chr.

Saal 10 präsentiert die Entwicklung der zyprischen Schrift.

Saal 11 beherbergt Funde aus den Königsgräbern von Sálamis. Sehenswert sind die Elfenbeinarbeiten an den königlichen Möbeln und ein großer Bronzekessel auf eisernem Dreifuß aus dem frühen 8. Jh. In einem Nebenraum werden Methoden der Kupfergewinnung und -verarbeitung vorgeführt.

Saal 12 zeigt weitere Gräber und Höhlen.

Saal 13 präsentiert römische Statuen, die aus Sálamis hierher gebracht wurden.

Saal 14 ruft noch einmal mit kleinen Objekten die Welt der vorgeschichtlichen Zeit in Erinnerung. Man sieht Wagenmodelle, die als Kinderspielzeug gedient haben mögen, und Terrakottafiguren gebärender Frauen sowie Brettidole aus der frühen Bronzezeit. *Mo–Sa 9 bis 17 Uhr; So 10–13 Uhr; Eintritt 1,50 CYL, Museum Street 1*

ESSEN & TRINKEN

In der Altstadt liegen fast alle Restaurants in der *Laikí Gitoniá* und ihrer nächsten Umgebung. In der Neustadt sind die Restaurants weit verstreut; einige ältere Tavernen finden Sie dort nahe der Kreuzung *Evágoras/Makários Avenue*.

Aegeon [U F3] Insider Tipp

Stimmungsvolle Taverne nahe dem Famagusta-Tor; exzellentes Mese à la carte, erstklassiger Service. *Tgl. ab 19 Uhr; Hector Street 38, €€€*

Chilies [U C5] Insider Tipp

🏃 Tex-Mex-Food im Herzen der Altstadt. Hier trifft sich die einheimische Jugend auch abends gern zu Nachos und Tacos, Fajitas oder einem gut gemixten Cocktail. *Tgl. ab 11 Uhr; Laikí Gitoniá, €€*

Mattheos [U D4] Insider Tipp

Einfache Taverne mit großer Auswahl an gekochten Speisen nahe der Fanerómeni-Kirche. *Mo–Sa 10 bis 18 Uhr; Lefkónos Street, €*

Xefoto [U C5]

⭐ Abends kommen auch viele Zyprioten. Der Englisch sprechende Wirt Andreas tischt ein exzellentes Mese und Wein vom Fass auf; zur griechischen Livemusik (ab 21.30 Uhr) singen und tanzen die Gäste – und häufig auch der Wirt. *Tgl. ab 11 Uhr; Laikí Gitoniá, €€*

EINKAUFEN

Die Haupteinkaufsstraßen sind die *Lédra* und die *Onásgoras Street* in der Alt- sowie die *Makários Avenue* in der Neustadt. Viele Souvenirläden finden Sie in der *Laikí Gitoniá*.

NICOSIA

Märkte
Interessanter als die Markthalle in der Altstadt (**U D4**, *Platía Dimarchías, 7.30–13 Uhr*) sind der Mittwochsmarkt auf der Constanza-Bastion (**U D5–6**, *7–17 Uhr*) und der Markt in der Neustadt (**U F6**, *Evgénias & Antoníu Theodótu Avenue, Mo–Sa 7.30–13, Mo–Fr 16–18.30 Uhr; im Winter 8 bis 17 Uhr*).

MAM [U C5]
Eine Spezialbuchhandlung für Liebhaber von Literatur über Zypern, zypriotischer Volksmusik und Postkarten mit historischen Motiven. *Laikí Gitoniá*

Staatliches Kunsthandwerkszentrum [O]
Verkaufsausstellung mit Festpreisen. *Mo, Di, Do, Fr 8–13 und 16–19 Uhr (Okt.–April 8–17.30 Uhr), Mi 8–13 Uhr, Sa 9–13 Uhr, Athalássia Street 186 (nahe dem Beginn der Autobahn Lárnaka/Limassol)*

ÜBERNACHTEN

Classic [U B4]
Ein modernes Hotel mit geschmackvoller Einrichtung und intimem Charakter direkt auf der Stadtmauer nahe dem Páfos-Tor. *57 Zi., Régaena Street 94, Tel. 02/66 40 06, Fax 67 00 72, www.classic.com.cy*, €€

Holiday Inn [U B5]
Komfortabelstes Hotel in der Altstadt auf der Stadtmauer. Hallenbad und Fitnesszentrum, Nichtraucheretagen. *140 Zi., Régaena Street 70, Tel. 02/71 27 12, Fax 67 33 37, hinnicres@cytanet.com.cy*, €€€

In der Altstadt von Nicosia

Rimi [U C5]
Hotel in zentraler Altstadtlage an der Laikí Gitoniá. *26 Zi., Solonós Street 5, Tel. 02/68 01 01, Fax 66 08 16, rimi@cylink.com.cy*, €

AM ABEND

Bastione [U F4]
Schicke Bar in alten Gemäuern direkt neben dem Famagusta-Tor. Hier trifft sich die Yuppieszene zu internationaler Musik. *Tgl. ab 20 Uhr, Athínas Avenue 3*

Cellari [U E4]
Griechische Musik in der Altstadt; kaum Touristen. Manchmal wird auch getanzt. *Tgl. ab 21.45 Uhr, Koráis Street 25*

55

NICOSIA

Die Kirche von Asinoú ist eine ganz besondere Sehenswürdigkeit

AUSKUNFT

Cyprus
Tourism Organization [U C5]
Laikí Gitoniá, Tel. 02/67 42 64

ZIELE IN DER UMGEBUNG

Asinoú [120 A3]
★ Die Mönche des Mittelalters haben die Einsamkeit gesucht. So siedelten sie auch am oberen Ende eines Tals am Rand des Tróodos zwischen Wäldern und Weiden. Von ihrem *Kloster der Panagía Forviótissa* in der Gemarkung Asinoú ist nur noch die Kirche erhalten; die Wohn- und Wirtschaftsräume aus Holz und Lehm sind verschwunden. Die Kirche aber ist einer der größten Kunstschätze Zyperns.

Von außen gleicht der kleine, einschiffige Bau mit seinem weit heruntergezogenen Ziegeldach eher einer Scheune als einem Gotteshaus. Bei genauerem Hinsehen erkennt man unter der Ziegelkonstruktion noch ein zweites, älteres Tonnengewölbe unter dem Kirchenschiff und Kuppeln über dem Vorbau. Das Ziegeldach ist wohl eine Anregung aus der Kreuzritterarchitektur gewesen, das später zum Schutz gegen die Witterung über den Bau gestülpt wurde. Dadurch sind die Wandmalereien im Innern so hervorragend erhalten geblieben. Die ältesten von ihnen stammen schon aus den Jahren 1105/06 – und leuchten nach einer vor 25 Jahren erfolgten Reinigung fast so kräftig wie vor nahezu 900 Jahren.

Zu den besonders interessanten Fresken im Kirchenschiff gehört die Darstellung über der kleinen Nordtür. Sie zeigt rechts ganz klein die Frau des Mannes, der den Kirchenbau bezahlt hat. Er selbst steht, etwas größer dargestellt, vor ihr und übergibt der noch größer abgebildeten Gottesmutter symbolisch ein Modell der Kirche. Ihr gegenüber

NICOSIA

thront Christus, dem die Kirche geschenkt wird, hinter ihm sind Engel in prächtigen Gewändern zu sehen.

Nicht minder interessant ist eine Darstellung der 40 Märtyrer von Sebaste in der linken, hinteren Ecke der Kirche. Man sieht 39 spärlich bekleidete, frierende und erschöpfte, aus zahlreichen Wunden blutende Männer auf dem Eis eines zugefrorenen Sees. Der vierzigste ist der Verlockung eines warmen Badehauses am Seeufer erlegen, das der besuchen darf, der dem Christentum abschwört. Seinen Platz nimmt aber schon ein Freiwilliger ein, der auf der anderen Seite der Bogenlaibung herantritt. Über den Märtyrern schweben bereits, von Christus gesandt, 40 Märtyrerkronen.

Im ebenfalls vollständig ausgemalten Narthex, der im 14. Jh. angefügt wurde, sieht man neben der Zwischentür eine aufschlussreiche Jagdszene mit zwei angebundenen Jagdhunden und zwei zypriotischen Mufflons. Schön sind hier auch die Darstellung des Einzugs ins Paradies an der linken Seitenwand und mehrere Stifterfiguren auf verschiedenen Bildfeldern. *Den Schlüssel zur Kirche verwaltet der Dorfpriester des vor Asinoú gelegenen Dorfes Nikitári. Meist findet man ihn in der Kirche, sonst im Dorf, eine Spende ist üblich. 31 km*

Fikárdou   [120 C5]

Das kleine Dorf in der Nähe des Machairás-Klosters steht seit 1978 unter Denkmalschutz. Nur noch ein Dutzend Menschen leben ständig hier. Der Staat hat viele Häuser originalgetreu im Stil des 18. und 19. Jhs. restauriert, sodass Fikárdou heute als Museumsdorf gelten kann. Die Häuser, aus unbehaue-

nen Steinen und Lehm erbaut, sind zumeist zweigeschossig. Zwei davon, die sogar noch aufs 16. Jh. zurückgehen, dienen jetzt als volkskundliche Museen, in denen neben alten Möbeln und Gerätschaften auch eine Fotodokumentation über das frühere Dorfleben und die Restaurierungsarbeiten zu sehen sind *(Museen Mai–Sept. Di–Sa 10–17, So 10.30–14 Uhr, Okt. bis April Di–Fr 9–16, Sa 9–15.30, So 10.30–14 Uhr, Eintritt 75 c).* Gut essen kann man in der Dorftaverne gegenüber der Kirche. *40 km*

Kloster
Ágios Iraklídios   [121 D4]

Das Kloster liegt ebenso wie die Königsgräber von Tamassós in unmittelbarer Nähe des kleinen, sterbenden Dorfes Politikó am Rande der Mesaória. Hat man das Dorf durchquert, erblickt man hinter einem lieblichen Olivenhain die Mauern des Nonnenkonvents – ein schönes Fotomotiv. Die Schwestern leben hier seit 1962 in einem selbst geschaffenen Garten Eden. Besucher fasziniert der gartenähnliche Innenhof des Klosters meist mehr als der Bau. Schwalben nisten in den Umgängen, im kleinen Klosterladen verkaufen die Schwestern billige, gedruckte Ikonen und selbst gemachtes Marzipan, dem freilich der Schokoladenüberzug fehlt.

Der hl. Iraklidios, dem das Kloster geweiht ist, wurde als erster Bischof der kupferreichen Stadt Tamassós vom Apostel Paulus selbst eingesetzt. Mitte des 1. Jhs. war das Christentum noch eine Religion im Untergrund, und Iraklídios starb bald den Märtyrertod. Seine Schädelreliquie wird noch heute in der Klosterkirche verehrt.

57

NICOSIA

Die Kirche ist viergliedrig. Ihr vorgelagert ist ein offener Arkadengang. Er führt auf der rechten Seite zu einer Kreuzkuppelkirche aus dem 14. Jh. Sie wurde über einer Grotte erbaut, die als Grab des Heiligen gilt. Durch eine Luke kann man hinuntersteigen; ein besserer Zugang führt hinter der Ostseite der Klosterkirche hinab.

Die eigentliche Klosterkirche ist zweischiffig und stammt aus dem 15./16. Jh. Man erkennt an einigen Stellen noch Reste der früheren Wandmalereien und Teile eines Bodenmosaiks, das zu einer frühchristlichen Basilika aus der Zeit um 400 stammt, als das Christentum gerade Staatsreligion geworden war. Teile dieses Mosaiks sind auch rechts neben der Kreuzkuppelkirche zu sehen. Besondere Beachtung verdient eine Ikone ganz links in der Ikonostase der Klosterkirche: Sie zeigt Maria, die das Christuskind stillt. *Tagsüber geöffnet (Mittagsruhe 12–15 Uhr), Eintritt frei. 21 km*

Kloster
Ágios Panteleímon   [120 C3]

Das Nonnenkloster beim Dorf Mitseró liegt still am Südrand der Mesaória-Ebene. Es stammt aus dem 18. Jh., verfiel Ende des 19. Jhs. und wurde in den 1960er-Jahren restauriert. Begeisternd ist die Blütenpracht im Klosterhof. *Tagsüber geöffnet, Eintritt frei. 29 km*

Kloster Machairás
(Makherás)   [120 C5]

Eine kurvenreiche, schmale Asphaltstraße führt aus der Mesaória durch dichte Wälder auf fast 900 m Höhe den Hang des Berges Kioniá hinauf. Hier liegt über einem Bachtal, das man in gut vier Stunden bis nach Politikó, dem ehemaligen Tamassós, hinunterwandern kann, in prächtiger Aussichtslage das ◁•▷ Mönchskloster der »Allheiligen des Messers«, der *Panagía Machairás*. Es wurde schon im 12. Jh. gegründet; seine Bauten einschließlich der in den 1990er-Jahren mit Wandmalereien im byzantinischen Stil ausgestalteten Kirche im engen Klosterhof stammen jedoch erst aus der Zeit nach dem letzten Klosterbrand 1892. Die Mönche sehen nichtorthodoxe Besucher inzwischen nur noch ungern, da zu viele sich unziemlich verhielten; Reisegruppen werden gar nicht mehr eingelassen. Neben dem Kloster steht das monumentale Denkmal für einen Freiheitskämpfer. *Mo, Di und Do 9–12 Uhr, Eintritt frei. 32 km*

Mitseró   [120 B–C3]

Das Dorf am Nordrand der Mesaória-Ebene nahe dem *Kloster Ágios Panteleímon* war bis 1979 ein Zentrum des Kupferabbaus. Schlackenhalden aus antiker Zeit sind in der Umgebung noch zahlreich zu finden; viele fallen durch ihre schwarze Färbung auf. *30 km*

Nord-Nicosia   [121 F1]

Wenn der einzige Durchlass für Ausländer in der Green Line nicht gerade wieder einmal von den griechischen Zyprioten aus politischen Gründen gesperrt wird, ist ein Ausflug in den besetzten Teil der Altstadt von Nicosia problemlos möglich. In einem halben Tag können Sie dort Ihr Bild vom alten Nicosia vervollständigen.

Vom Übergang am alten Ledra Palace Hotel aus geht man auf der Hauptstraße in etwa 10 Minuten zum Kerinia Gate, dem wichtigsten

NICOSIA

modernen Durchbruch in der Stadtmauer im Norden. Folgt man hier der Hauptstraße in die Altstadt hinein, liegt gleich linker Hand das ehemalige Kloster der tanzenden Derwische, heute *Museum für die türkisch-zypriotische Volkskunst*. Anschließend kommt man zum verkehrsreichen Atatürk-Platz, auf dem die Venezianer bereits 1570 eine antike Granitsäule aus Sálamis aufstellten. Ganz in der Nähe ragt das moderne *Saray Hotel* auf, auf dessen ◣◢ Dach eine Bar und ein Restaurant den ganzen Tag über für Gäste geöffnet sind. Von hier oben aus hat man einen guten Blick über ganz Nicosia und versteht so recht den Wahnsinn der Teilung.

In der Altstadt von Nord-Nicosia sind drei Bauwerke die Besichtigung wert: Die ★ *Selim-Moschee*, Anfang des 13. Jhs. als gotische Kirche von den Kreuzrittern in Auftrag gegeben; die große ehemalige Karawanserei *Büyük Han* und die kleinere, als Museum genutzte Karawanserei *Kumarcilar Han*.

Alle Sehenswürdigkeiten sind vormittags geöffnet. Die Währung in Nord-Nicosia ist die Türkische Lira. Die Banken wechseln Ihnen auch zypriotische Lira um.

Peristeróna [120 B2]

Das große Dorf etwas abseits der Hauptstraße von Nicosia ins Tróodos-Gebirge lohnt für Fotofreude einen Abstecher. Am Ufer eines fast immer wasserlosen Flusses stehen eine Moschee und eine Kirche mit imposanten, vermutlich 1000 Jahre alten Kuppeln *(Moschee verschlossen, Kirchenschlüssel im Kaffeehaus)*. Im Kaffeehaus am Kirchplatz kann man zypriotisches Dorfleben beobachten. *27 km*

Tamassós [121 D4]

Vor dem Ortseingang des kleinen Dorfes *Poiitikó*, an dessen Rand das Kloster *Ágios Iraklidíos* liegt, weist ein Schild den Weg zu den *Königsgräbern* von Tamassós. Die für ihren Kupferreichtum berühmte Stadt ruht noch weitgehend unter der Erde, nur einige Grundmauern eines der Aphrodite-Astarte geweihten Tempels und einiger Werkstätten wurden direkt am Parkplatz vor den Gräbern freigelegt.

Die beiden Gräber aus dem 6. Jh. v. Chr. sind besonders interessant, weil sie offenbar in Stein Bauten aus Holz, Stein und Lehm imitieren, in denen die Lebenden wohnten. Die in die Erde gebauten Gräber, zu denen Treppen hinunterführen, haben Decken aus gewaltigen Kalksteinplatten. Die Deckenbalken, Türrahmen, Scheintüren und Scheinfenster, Fensterbalustraden und Balkenköpfe am Eingang lassen auf Vorbilder in Ägypten und im Nahen Osten schließen. Auch die Kapitellformen an den Eingängen zu den Grabkammern zeigen deutlich, dass Zypern in jenem 6. Jh. v. Chr. noch stark unter vorderasiatischem Einfluss stand. *Di–Fr 9–15 Uhr, Sa und So 10–15 Uhr, Taschenlampe nützlich, Eintritt 75 c. 20 km*

Vyzákia [120 A3]

An der Straße von Nicosia nach Asinoú liegt kurz vor Nikitári das Dorf Vyzákia. Kurz nach Verlassen des Dorfes in Richtung Asinoú trifft man auf der rechten Seite in einem Olivenhain auf die winzige *Scheunendachkirche der Erzengel* mit erfrischend volkstümlichen Wandmalereien aus dem 16. Jh. *Schlüssel im Kaffeehaus im Dorf erfragen, eine Spende ist üblich. 25 km*

59

PÁFOS

Ein bedrohtes Paradies

Die noch intakte Natur im Westen der Insel könnte dem Tourismus zum Opfer fallen

Der Westen der Insel ist dünner besiedelt als das übrige Zypern. Der größte Ort der Region, Páfos, ist sympathisch kleinstädtisch geblieben; der zweitgrößte, Pólis, ist kaum mehr als ein großes Dorf. Der Tourismus ist hier erst seit Mitte der 1980er-Jahre wichtiger als die Landwirtschaft; den meisten Hotels sieht man an, dass sie in Zeiten wachsenden Umweltbewusstseins entstanden sind.

Katakomben von Ágios Geórgios

Das Klima ist im Westen der Insel noch milder und ausgeglichener, sodass in der Umgebung von Páfos sogar Bananen angebaut werden können. Neben allerlei Obst gedeihen auch Erdnüsse und Tabak; an den Hängen hinter der Küste gibt es neben Olivenhainen reichlich Johannisbrotbäume; in den Bergen wächst viel Wein.

Industrie fehlt nahezu völlig; die Natur ist noch weitgehend intakt. Im Bezirk von Páfos liegen die dichtesten und meisten Wälder. Die Halbinsel Akamás im äußersten Westen Zyperns, die immer noch Truppenübungsplatz für die Briten ist, ist nahezu menschenleer. An ihren Sandstränden legen Meeresschildkröten ihre Eier ab; durch Teile dieser unberührten Natur führen wunderbare Wanderpfade.

Freilich ist auch dieses Paradies in Gefahr. Seitdem sich die Hotels von Páfos aus auch gen Westen ausbreiten, werden die Schildkrötenstrände von immer mehr rücksichtslosen Badegästen besucht. Die Bewohner der Dörfer am Rande der Halbinsel streben danach, durch den Fremdenverkehr ebenso wohlhabend zu werden wie die einstigen Bauern bei Agía Nápa, Lárnaka oder Limassol.

Im Bezirk von Páfos bewegt man sich auch in einer geschichtsträchtigen Region. Páfos war schließlich in der Antike ein bedeutendes Stadtkönigreich mit einem weltbedeutenden Pilgerheiligtum der Aphrodite; in ptolemäischer und römischer Zeit regierten Statthalter von Páfos aus die ganze Insel.

Im alten Hafen von Páfos

PÁFOS

PÁFOS

[126 A–B 2–3] Geschichte prägt das Gesicht von Páfos (40 000 Ew.) bis auf den heutigen Tag. Tavernen und Hotels stehen oft unmittelbar neben antiken und mittelalterlichen Bauwerken, die über das ganze Stadtgebiet verteilt sind. In den schönsten (und teuersten) Tavernen, denen am Fischerhafen, sitzt man genau dort, wo vor 2000 Jahren Pilger an Land gingen, Schiffe aus dem Zedernholz der Wälder gebaut und die Bodenschätze Zyperns verladen wurden.

Páfos ist heute deutlich dreigeteilt. Da ist einmal Káto Páfos unten am Meer mit seinem 1993 neu gestalteten Fischerhafen. Nördlich und östlich vom Hafen ist das weitläufige Hotelviertel entstanden, in das aber auch Wohnhäuser von Einheimischen, Gärten und Brachland integriert sind. Die Kette der Hotels ist inzwischen bis ins Gemeindegebiet von Geroskípou den Strand entlang gewachsen.

Die meisten Bürger der Stadt wohnen heute noch in der Oberstadt Ktíma, die in türkischer Zeit auf einem Plateau etwa 2 bis 3 km landeinwärts gebaut wurde. Hier dominieren noch Geschäfte für den täglichen Bedarf, Schulen und Behörden das Straßenbild, das am Meer von Souvenirläden, Tavernen und Bars geprägt wird.

Und schließlich ist da noch Palaiá Páfos, der Standort der antiken Stadt, die 321 v. Chr. zugunsten des neu gegründeten Néa Páfos aufgegeben wurde, das heute aus den Ortsteilen Ktíma und Káto Páfos besteht. Wo einst Palaiá Páfos stand, findet man heute das noch sehr ländliche Dorf Koúklia und einige Ruinenfelder der Antike.

In Palaiá Páfos hat die Stadtgeschichte begonnen. Im 4. Jh. v. Chr. war die Lage des Ortes abseits vom Meer wohl wirtschaftlich nicht mehr tragbar. König Nikokles beschloss, in der Nähe eine neue Stadt zu erbauen, in die dann 321 v. Chr. auch die Mehrheit der Pafier umzog. Schon bald darauf übernahmen die ägyptischen Ptolemäer die Herrschaft über die Insel und richteten ihre Verwaltung im neuen Páfos ein. Hauptstadt Zyperns blieb Néa Páfos auch, als die Römer Zypern 31 v. Chr. ihrem Reich eingliederten. Ihr als Gouverneur eingesetzter Prokonsul residierte in Hafennähe in einer großen Villa, die mit kunstvollen Bodenmosaiken ausgestattet war. Auch in frühchristlicher Zeit muss Néa Páfos ein bedeutendes Siedlungszentrum gewesen sein, in dem zahlreiche große Basiliken standen. Im Mittelalter nahm das Städtchen dann den provinziellen Charakter an, den es heute noch besitzt.

SEHENSWERTES

Agía Solomoní
Die Felsgräber der heidnischen Welt wurden in christlicher Zeit für verschiedene Zwecke genutzt: als Gefängnis, als Steinbrüche, oder auch als Kapellen. So ist auch das antike Felsgrab der hl. Solomoní zur Kapelle geworden. Am Niedergang zur Kapelle steht ein auffälliger Baum. An seine Zweige sind zahlreiche Taschentücher und Stofffetzen geknotet: Dieser uralte Brauch soll in der Kapelle gesprochene Gebete wirksamer machen. *Apostolos Pavlos Avenue, Eintritt frei*

PÁFOS

Archäologischer Park

Im 2000 fertig gestellten Archäologischen Park liegen die Mosaike, das Odeon und die Festung Saranda Kolonnes, die nachstehend einzeln beschrieben werden. Eintritt zahlt man aber nur ein Mal an der Kasse am großen Parkplatz am Hafen. *Mai–Sept. tgl. 8–19.30 Uhr; Okt. bis April tgl. 8–17 Uhr; Eintritt 1,50 CYL*

Hafen

★ Die Mole des heute nur noch für Fischer- und Ausflugsboote genutzten Hafens liegt über einer der beiden antiken Molen, von der am Molenende noch einige Steinblöcke zu sehen sind. Am Ansatz der Mole befindet sich ein ◢◣ türkisches Fort, das zu besichtigen sich vor allem wegen des Blicks über Páfos lohnt. *Fort Mai–Sept. tgl. 9–19.30 Uhr; Okt.–April tgl. 9–17 Uhr; Eintritt 75 c*

Königsgräber

Von den Wohnhäusern des antiken Páfos ist nichts erhalten. Eine Vorstellung davon, wie die reichen Ptolemäer in den beiden letzten vorchristlichen Jahrhunderten wohnten, vermitteln aber ihre Gräber. Die schönsten sind nahe dem Meer aus dem felsigen Untergrund herausgearbeitet worden. Sie besitzen einen Innenhof, der von Säulen oder Pfeilern umstanden wird. Von diesem Hof gehen verschiedene Grabkammern ab. In einem dieser großen Gräber wurde im Innenhof ein gewaltiger Felsblock stehen gelassen, in dem eine Treppe zu einem Brunnen hinunterführt, während andere Teile des Blocks ebenfalls für Grabkammern genutzt wurden. Neben diesen auffälligen Gräbern haben die Archäologen im fälschlich so genannten Gebiet der Königsgräber auch einfachere Felsgräber gefunden. Könige waren hier nicht bestattet – die gab es zu jener Zeit auf Zypern nicht –, wahrscheinlich aber die ptolemäischen Statthalter und ihre Familien. *Mai bis Okt. tgl. 8–19.30 Uhr; Nov. bis April tgl. 8–17 Uhr; Eintritt 75 c, Tombs of the Kings Road*

MARCO POLO Highlights »Páfos«

★ **Alter Hafen**
Ständig frischer Fisch
(Seite 63)

★ **Haus des Dionysos**
Antike Mosaike, die Geschichten erzählen (Seite 64)

★ **Felsen der Aphrodite**
Auch ohne Legenden
eine bezaubernde Küste
(Seite 68)

★ **Páno Panagiá**
Bergdorf mit Geschichte
(Seite 71)

★ **Kloster Ágios Neófytos**
800 Jahre alte Porträts
eines Eremiten (Seite 69)

★ **Bäder der Aphrodite**
Ein lauschiger Quellteich
und ein Hauch von Erotik
(Seite 67)

Páfos

Königsgräber ohne Könige

Mosaike

Nordwestlich des Fischerhafens lag das Zentrum der römischen Stadt. Es war von hohen Mauern umgeben, die nicht mehr erhalten sind. Hier standen mehrere großzügige Villen und Verwaltungsbauten, die mit kostbaren Bodenmosaiken verziert waren. Seit ihrer Wiederentdeckung 1962 hat man hier ein ganzes Bilderbuch der antiken Mythologie freigelegt und restauriert.

Die Mosaike stammen zum größten Teil aus dem 3. und 4. Jh. Ihrer handwerklichen Perfektion und ihrer Vollständigkeit wegen sind sie von der Unesco in die Liste des Weltkulturerbes der Menschheit aufgenommen worden. Sie verteilen sich auf vier verschiedene Häuser, die die Archäologen jeweils nach einem der darin gefundenen Mosaike benannten.

★ Im *Haus des Dionysos* ist das große Bildfeld mit den Szenen einer Weinlese besonders schön. Es steckt voller lebendiger Details: Hier knabbert ein Hase am Grünzeug, da pickt ein Rebhuhn an den Trauben, schlängelt sich züngelnd eine Schlange zu süßen Früchten. Ein Arbeiter trägt einen Korb voller Trauben in der Rechten, während er einen zweiten vollen Korb auf der linken Schulter festhält.

Ein dem Wein verbundenes Thema stellt auch ein anderes Mosaik dar. Man sieht den alten König Ikarios, der in der Linken die Zügel seines Ochsengespanns hält. Die beiden Tiere ziehen einen zweirädrigen Wagen mit Scheibenrädern, auf dem in Ziegenbälgen Wein transportiert wird. Es ist der erste Weintransport der Menschheitsgeschichte; König Ikarios war nämlich gerade erst vom Gott Dionysos in die Geheimnisse des Weinanbaus und der -herstellung eingeweiht worden. Des Gottes Rat hatte für Ikarios allerdings tödliche Folgen: Rechts unten in der Ecke sieht man zwei trunkene Jünglinge. Sie hatten den König gezwungen, sie vom Wein kosten zu lassen, und verfielen daraufhin in einen Tiefschlaf. Was nicht mehr dargestellt wird: Freunde fanden sie kurz darauf und töteten Ikarios, weil sie annahmen, er habe die beiden vergiftet. Dionysos kann das nicht erschüttern – er widmet sich der schönen Akmi.

Ähnlich anschaulich erzählen auch die übrigen Mosaike antike Sagen voller Dramatik und Lebenslust. Wer sie kennen lernen möchte, nimmt am besten an einem geführten Ausflug zu den Mosaiken teil oder kauft sich an der Kasse einen deutschsprachigen Führer.

PÁFOS

Vom Haus des Dionysos geht man weiter zum *Haus des Aion*, in dem auf fünf Bildfeldern weitere mythologische Themen dargestellt sind. Danach kommt man zum *Haus des Theseus* mit einem ganz außergewöhnlichen Mosaik, dessen Zentrum ein großes, rundes Bildfeld einnimmt. Es zeigt in der Mitte den Athener Helden Theseus, der gerade den Stier Minotaurus im Labyrinth auf Kreta besiegt hat. Die Personifikation des Labyrinths ist links unten dargestellt, der Minotaurus liegt rechts unten vor dem Helden. Rechts oben ist die Insel Kreta als König personifiziert; links oben sieht man die Königstochter Ariadne, deren Faden es Theseus ermöglichte, den Weg aus dem Labyrinth zu finden.

Vom Haus des Theseus kommt man abschließend ins *Haus des Orpheus* mit drei weiteren Mosaiken. *Im Archäologischen Park*

Odeon

In unmittelbarer Nähe der Häuser mit den Mosaiken ragt ein kurzer, weißer Leuchtturm aus britischer Zeit in den Himmel. Unterhalb des Turms wurde das römische Odeon freigelegt, ein kleines Theater für lyrische Wettbewerbe und musikalische Darbietungen. Auch heute noch finden hier Konzerte und Theateraufführungen von Laiengruppen statt. Sitzt man in einer der zwölf Reihen, blickt man auf eine große Fläche, die in der Antike voller Leben war – das Forum, also den Marktplatz. *Im Archäologischen Park*

Paulus-Säule

In der biblischen Apostelgeschichte wird berichtet, dass Paulus in Páfos war und hier Gelegenheit hatte, dem römischen Prokonsul die Macht des Christentums zu demonstrieren: Er schlug einen heidnischen Magier mit Blindheit. Die lokale Legende weiß auch, dass Paulus in Páfos ausgepeitscht wurde. Die Säule, an der er während der Auspeitschung festgebunden war, wird noch heute auf dem Gelände einer frühchristlichen Basilika bei der mittelalterlichen Kirche Panagía Chrissopolítissa gezeigt.

Saranda Kolonnes

Eine der am stärksten zerstörten und dennoch schönsten Burgruinen von Zypern steht oberhalb des Fischerhafens. Die Kreuzritter erbauten die Burg gleich nach ihrer Besitzergreifung der Insel 1192, schon 30 Jahre später wurde sie durch ein Erdbeben zerstört und fortan als Steinbruch genutzt. Ihren Namen, der »40 Säulen« bedeutet, erhielt sie, weil man zu ihrem Bau 40 Granitsäulen vom benachbarten römischen Forum wieder verwendete. Sie stützen z. B. die Mauern des Burgeingangs im Osten. *Im Archäologischen Park*

MUSEEN

Archäologisches Bezirksmuseum

Das kleine Museum besitzt edlen Goldschmuck aus der Zeit 15. Jh. v. Chr. bis 3. Jh. n. Chr., gute Beispiele für römisches Glas und eine Reihe römischer Wärmflaschen aus Ton, die Gliedmaße (Arme und Beine) nachbilden. Vielleicht waren sie eine Anfertigung für einen der Honoratioren, vielleicht dienten sie aber auch einem Arzt zur Behandlung von Rheumakranken. *Mo-Sa 9–17 Uhr; So 10–13 Uhr; Eintritt 75 c, Dighénis Street*

PÁFOS

Byzantinisches Museum
Die sehr übersichtlich gestaltete Sammlung präsentiert Ikonen vom 12. bis 18. Jh. sowie liturgische Gewänder und liturgisches Gerät. *Juni–Sept. Mo–Fr 9–19 Uhr, Okt. bis Mai 9–17 Uhr, Sa ganzjährig 9 bis 14 Uhr, Eintritt 1 CYL, Andréa Ioánnou Street, Ktima*

Folklore-Museum
In diesem privaten Museum in einer Villa aus dem Jahr 1894 sind ansprechend dekoriert verschiedene Objekte aus dem zypriotischen Alltag der letzten Jahrhunderte zu sehen. *Mai–Sept. Mo–Fr 9–13 und 15–19 Uhr, Okt.–April Mo–Fr 9–13 und 14–17 Uhr, ganzjährig Sa 9–13, So 10–13 Uhr, Eintritt 50 c, Éxo Vréssi Street 1*

Geologische Sammlung
Insider Tipp
Kleine Sammlung zypriotischen Gesteins, zusammengetragen von einem perfekt Deutsch und Englisch sprechenden Geologen, der auch geologisch geführte Wanderungen auf der Akamás-Halbinsel veranstaltet. *Mo–Sa 8–13 und 16–19.30 Uhr, Eintritt frei, Ágios Theódoros Street 2, Ktíma*

ESSEN & TRINKEN

Laterna
Kleine, familiär geführte Taverne traditionellen Stils, in der das Essen echt zypriotisch ist. *Tgl. ab 17.30 Uhr, Apóllonos Street 2/Ecke Ágios Antónios Street, Káto Páfos, €*

La Sardegna
Riesige Steinofenpizzas, gutes Preis-Leistungs-Verhältnis, freundlicher Service. *Mi–Mo ab 12 Uhr, Apostle Paul Avenue 70, €*

In einer Bar in Páfos

Thomas Jungle Pub-Restaurant
Modernes, preiswertes Restaurant mit zypriotischer und internationaler Küche, viele Salate; große Auswahl an Cocktails. *Tgl. ab 9 Uhr, Tombs of the Kings Road, €*

EINKAUFEN

Markthalle
Weil die Markthalle in Ktíma Ende der 1990er-Jahre von Souvenirhändlern erobert wurde, müssen die vielen Bauern, die jeden Samstagmorgen ihre Produkte feilbieten, jetzt mit Plätzen rund um die Halle vorlieb nehmen. Die Atmosphäre ist trotzdem noch ländlich-urig. *Agorás Street, Ktíma*

Staatliches Kunsthandwerkszentrum
Zypriotische Souvenirs in kleiner Auswahl zu korrekten Preisen. *Apostle Paul Avenue*

ÜBERNACHTEN

Annabelle
Luxushotel am Meer, nur einen Spaziergang vom Hafen entfernt. Kleiner Sandstrand, zwei Pools. *198 Zi., Posidónos Street, Tel. 06/*

23 83 33, Fax 24 55 02, the-anna
belle@thanos.hotels.com, €€€

Insider TIPP

Kiniras
Stimmungsvolles Altstadthotel mit
zwei perfekt Deutsch und Englisch
sprechenden Wirten, die zugleich
Maler sind. Erstklassige Küche
im auch bei der einheimischen
Oberschicht beliebten Restaurant.
*18 Zi., Archbishop Makários Ave-
nue 91, Tel. 06/24 16 04, Fax
24 21 76, www.kiniras.com.cy, €*

SPORT & STRÄNDE

Im Stadtgebiet gibt es nur einige
kleine, künstliche Sandstrände vor
den Hotels. Die ersten größeren
Strände liegen bei Geroskípou und
unterhalb des alten Leuchtturms
am Odeon. Gute Sand-Kies-Strände
liegen im Westen von Páfos und
sind mit dem Linienbus gut zu erreichen.

Wassersport kann vor allem von
den großen Hotels aus betrieben
werden; auch Tauchkurse und -ex-
kursionen werden angeboten. Ein
Golfplatz liegt 10 km außerhalb der
Stadt südöstlich des Dorfes Tsáda.

AM ABEND

Demokritos
Große Taverne mit folkloristischem
Programm und ausgezeichnetem
Mese, im Hotelviertel. *Tgl. ab
20 Uhr, Ágios Antónios Street, €€*

AUSKUNFT

Cyprus Tourism Organization
*Im Flughafengebäude, zu allen An-
künften geöffnet, Tel. 06/
42 28 33, und Gladstone Street 3,
Ktíma, Tel. 06/93 28 41*

ZIELE IN DER UMGEBUNG

Ágios Geórgios   [116 A6]

Insider Tipp

Das westlichste Dorf an der Südküste von Zypern liegt zwischen
Gärten und Feldern oberhalb des
Meers. Wer sich für die Urlaubs-
dauer ein Fahrzeug mietet, um zu
den Stränden der Umgebung zu gelangen, kann hier in Privatzimmern
oder im kleinen *Hotel Yerónissos
(Tel. und Fax 06/62 10 78, €)* sehr
ruhig und weit weg vom Tourismus
seine Ferien verbringen.

Einen Abstecher lohnt Ágios Geórgios wegen der Überreste dreier
frühchristlicher Basiliken in idylli-
scher Lage. Das Mauerwerk ist teilweise noch brusthoch erhalten,
Mosaike zeigen geometrische Muster und Kreuze, aber auch Fische,
Vögel und Schildkröten. *Frei zugänglich, Eintritt frei. 20 km*

Bäder der Aphrodite
(Loutrá tis Aphroditis)   [116 B3]
★ Am Ende eines kurzen, gepflas-
terten Pfads, der durch ein üppiges
Bachtal führt, steht man plötzlich
vor einem winzigen Teich, der von
einer Quelle in einer Felsgrotte ge-
speist wird. Ein Feigenbaum über-
schattet ihn, Farne und Blumen säumen das felsige Ufer. Der Legende
nach war dieser idyllische Platz der
bevorzugte Badeplatz der Göttin
Aphrodite. Eines Tages wurde sie
hier vom athenischen Prinzen Akamás überrascht. Zwischen den beiden entspann sich eine Liebesge-
schichte, die das Missfallen des Göt-
tervaters Zeus erregte. Auf sein Ge-
heiß musste die Liebesgöttin auf
irdische Freuden verzichten und auf
den Götterberg Olymp zurückkehren. *Ständig zugänglich, Eintritt
frei. 40 km*

PÁFOS

Die schöne Coral Bay lockte zahlreiche Bauherren an

Coral Bay [126 A1]

Die weite Bucht mit Sandstrand und flach abfallendem Ufer hat einem neuen, noch immer wachsenden Ort aus Ferienhäusern und Geschäften ihren Namen gegeben. Die Siedlung dehnt sich auch in die Nachbarbucht Corallía Bay aus, deren Strände überwiegend aus Kies bestehen. Zwischen den beiden Buchten springt eine kleine Halbinsel ins Meer vor, auf der Archäologen die Überreste einer Siedlung aus der Spätbronzezeit freigelegt haben. Besonders die 3500 Jahre alte Stadtmauer ist noch gut zu erkennen *(Mo–Sa 10–16 Uhr, Eintritt 75 c)*. 13 km

Droúseia (Druscha) [116 B5]

Das stille Bergdorf ist für Urlauber, die Ruhe suchen und wandern möchten, für ein paar Tage ein guter Aufenthaltsort. Im Ausland lebende Dorfbewohner haben hier ein modernes Hotel mit Pool und Panoramablick gebaut, das *Droshia Heights (46 Zi., Tel. 06/ 33 23 51, Fax 33 23 53, €)*. 37 km

Felsen der Aphrodite [127 D4–5]

★ Vor der Kulisse einer lang gestreckten Steilküste liegen mehrere einsame Kiesstrände. Den westlichen Abschluss bildet an der flach gewordenen Küste ein kleiner Strand, vor dem mehrere Felsen aus dem Meer aufragen. Eigentlich heißen sie »Felsen der Romäer«, *(Pétra tou Romioú),* aber die Touristikwerbung nutzt sie als Felsen der Aphrodite und behauptet, dass hier die Göttin Aphrodite dem Schaum des Meeres entstiegen sei. *22 km*

Geroskipou [126 B3]

Der Name dieses Dorfes ist mit »Heiliger Hain« zu übersetzen. Er deutet darauf hin, dass es an der Stelle eines einst der Aphrodite geweihten Waldes stand, durch die Pilger auf ihrem Weg vom Hafen in Néa Páfos zum Heiligtum in Palaiá Páfos gingen. Entlang der Hauptstraße wird eine Spezialität des Dorfes zum Kauf angeboten, *lukumia*. Lukumia ist eine mit Puderzucker bestäubte, fruchtgeleeartige Masse, die wie ein Pralinee geges-

PÁFOS

sen wird. Auf den Nebenstraßen sieht man im September und Oktober dichte, braungrüne Teppiche: zum Trocknen ausgelegte Erdnusspflanzen. Viel Leben herrscht auf der neu gestalteten Platía im Zentrum, auf der auch die größte Sehenswürdigkeit des Dorfes steht: die sehr alte *Kirche der Agía Paraskeví*. Ihre einfachen, unbeholfen wirkenden Kuppeln lassen eine Entstehung im 9. oder 10. Jh. vermuten; Wandmalereien im Innern, auf denen noch keine menschlichen Figuren abgebildet sind, sondern nur stilisierte Pflanzen und Kreuze, sprechen für eine Entstehung noch vor etwa 850 *(Mai–Okt. tgl. 8–13 und 14–17 Uhr, Nov.–April tgl. 8–13 und 14–16 Uhr, Eintritt frei)*.

Unweit der Kirche steht ein *Folkloremuseum*, in dem man u. a. sehen kann, wie in Geroskípou noch bis zum Zweiten Weltkrieg Seidenraupen gezüchtet und Seide gewonnen wurde *(Mo–Fr 9 bis 14.30 Uhr, Eintritt 75 c)*. 3 km

Kloster Ágios Neófytos [126 B1]

★ Am Hang des 613 m hohen Berges Chárta steht am Ende eines grünen Tals eines der schönsten Klöster Zyperns. Es ist einem zypriotischen Heiligen geweiht, der hier 1159 eine Einsiedelei gegründet hatte, die bald zahlreiche fromme Männer anlockte. Sie lebten in Höhlen in einer Felswand, die schon der Heilige auszubauen begonnen hatte. Heute noch kann man die kleine Höhlenkirche, die erste Klause des Neófytos und seine von ihm selbst geschaffene Grabstätte sehen. Diese Höhlen sind im Auftrag des Heiligen ausgemalt worden. Zwei von ihnen zeigen Neófytos selbst. Einmal steht er zwischen zwei Engeln, ein anderes Mal kniet er vor dem Thron Christi, neben dem auch Maria und Johannes stehen. Die Ursprünge der heutigen Klostergebäude gegenüber von den Felshöhlen reichen bis ins 15. Jh. zurück. Im idyllischen Klosterhof steht die Kirche, in der auch die Schädelreliquie des hl. Neófytos verwahrt wird. Das Gewölbe des linken Seitenschiffs ist mit Wandmalereien aus der Zeit um 1500 geschmückt *(April–Sept. tgl. 9–13 und 14–18 Uhr, Okt.–März tgl. 9 bis 16 Uhr, Eintritt 50 c)*. 8 km

Kloster Panagía Chrysorrogiátissa [117 E6]

✿ Das im 12. Jh. gegründete Kloster steht hoch über einem Tal in den westlichen Ausläufern des Tróodos beim Dorf Páno Panagiá. Auf dem Vorplatz fallen die zahlrei-

---

Die MARCO POLO Bitte

Marco Polo war der erste Weltreisende. Er reiste in friedlicher Absicht, verband Ost und West. Er wollte die Welt entdecken, fremde Kulturen kennen lernen, nicht zerstören. Könnte er heute für uns Reisende nicht Vorbild sein? Aufgeschlossen und friedlich sollte unsere Haltung auf Reisen sein. Dazu gehören auch Respekt vor Mensch und Tier und die Bewahrung der Umwelt.

PÁFOS

chen Lehmbacköfen auf, direkt neben dem Eingang die schattige Klostertaverne, auf deren Terrasse man die ausgezeichneten Klosterweine kosten kann. Wirt ist der Bruder des Abtes.

Im Zentrum des engen Klosterhofs steht die der Gottesmutter geweihte Kirche mit einer als wundertätig angesehenen Marienikone, die der Legende nach vom Evangelisten Lukas gemalt wurde. Am Klosterhof liegen auch ein kleiner Weinladen und Räume, in denen alte Ikonen restauriert werden. Sie können die Klosterkellerei zwischen September und Frühjahr vormittags besichtigen. *Ständig frei zugänglich. 36 km*

Insider Tipp

Koúklia (Palaiá Páfos)   [127 D4]
Auf einem flachen Plateau über der grünen Küstenebene westlich von Páfos stand in der Antike das bedeutendste Aphrodite-Heiligtum Zyperns. Hierher kamen vor allem in römischer Zeit Pilger aus der ganzen antiken Welt, um an geheimnisvollen Zeremonien teilzunehmen, mit denen sie sich unter den besonderen Schutz der Göttin stellen wollten. Bekannt ist nur, dass dazu die orientalische Sitte der Tempelprostitution gehörte. Jede pafische Frau musste sich vor ihrer Verheiratung einmal im Heiligtum einem fremden Pilger hingeben.

Das antike Heiligtum, von dem nur noch spärliche Überreste zu sehen sind, bestand aus einem abgeschlossenen Hof, in dem die Göttin in Form eines großen, dunklen Steins verehrt wurde. In römischer Zeit entstand am Eingang zum Heiligtum ein großer Hof, der von Säulenhallen umgeben war, von denen noch Mosaikreste und Grundmauern zu sehen sind.

Unmittelbar neben den Ausgrabungen steht der befestigte *Gutshof Covocle,* heute *Museum.* Darin sieht man u. a. einen Stein, der vielleicht das Kultobjekt im Heiligtum war. Auch der Gutshof selbst ist interessant. In seiner heutigen Form stammt er überwiegend aus türkischer Zeit. Eine große gotische Halle weist jedoch darauf hin, dass hier in fränkischer Zeit die Zuckerrohrplantagen der Könige von Zypern verwaltet wurden. *Mai–Sept. tgl. 9 bis 19.30 Uhr; Okt.–April tgl. 9–17 Uhr; Eintritt 75 c. 15 km*

Lakkí (Latchí)   [116 B3]
Der kleine Ort mit einem der schönsten Fischerhäfen der Insel ist interessant als Ausgangspunkt für herrliche Bootsfahrten entlang der Akamás-Halbinsel mit ihren kleinen

Urlaubslektüre

Zyperns Geschichte lebendig gemacht

Texte von 30 Autoren aus zwei Jahrtausenden hat Johannes Zeilinger in dem Lesebuch »Cypern. Orient und Okzident« zusammengefasst. Auf 346 Seiten wird ein buntes Bild der Insel entworfen. Zu Wort kommen Griechen, Türken, Araber, Juden, Franzosen, Engländer, Spanier, Schweden und Deutsche.

PÁFOS

Stränden. Zu empfehlen ist die stimmungsvolle Taverne *Porto Latchí (tgl. 8–24 Uhr, €€€)* in einem restaurierten 300 Jahre alten Lagerhaus für Johannisbrot. Vielerlei Arten von Wassersport und sogar Tauchkurse bietet das *Latchi Watersports Centre (Büro am Hafen, Tel. und Fax 06/32 20 95)*, das auch Klettertouren veranstaltet sowie Motorboote und Angeln verleiht. *36 km*

Lémba [126 A2]

In Lémba arbeiten Maler, Bildhauer und Töpfer. Nahe der Straße von Lémba zum Meer sind die Ausgrabung einer bronzezeitlichen Siedlung und gleich daneben die Rekonstruktion dieses über 4500 Jahre alten Dorfes zu sehen. *Frei zugänglich. 7 km*

Páno Panagiá (Panayiá) [117 F5]

⭐ Das Weinbauerndorf in 800 m Höhe war der Geburtsort des Erzbischofs Makários. Am Platz mit seinem Denkmal erinnert ein kleines *Museum (tgl. 9–13 und 15–18 Uhr; Eintritt 30 c)* an sein Wirken. Hier erhält man auch den Schlüssel zu seinem sehr ärmlichen Geburtshaus, in dem er die ersten Jahre seiner Kindheit verbrachte. *37 km*

Pólis [116 C3–4]

🏃 Bis Mitte der 1990er-Jahre war Pólis vor allem Ziel deutscher Rucksacktouristen, jetzt ist es auf dem Weg zum Luxusresort. Noch stimmt sie die Mischung aus Urlaubern, die auf dem Campingplatz im Eukalyptuswald und in kleinen Apartments wohnen sowie denen, die pro Nacht 400 Mark und mehr für eine Suite im nahen Luxushotel *Anassa* zahlen *(185 Zi., Tel. 06/*

32 28 00, Fax 32 29 00, €€€). Das Ausflugsprogramm der Reisebüros ist mit Mountainbike- und Jeeptouren auf Aktivurlauber eingestellt. Das *Archäologische Museum* zeigt Funde aus Pólis und Umgebung *(Mo–Mi, Fr 8–14, Do 8–18, Sa 9–17 Uhr, Eintritt 75 c)*. Im 6 km entfernten *Skoúlli* bietet die Lucky Horse Ranch *(Tel. 09/41 32 78)* Reitkurse und Ausritte an. *35 km*

Stavrós tis Psókas [117 E–F4]

Mitten in der Waldeinsamkeit des westlichen Tróodos findet sich eine Station der staatlichen Forstverwaltung. Ein Kaffeehaus ist Restaurant und Gemischtwarenhandlung in einem. Unmittelbar darunter kann jeder, der Holzkohle und Fleisch mitgebracht hat, auf einem großen, schattigen Grillplatz mit Tischen und Bänken ein zünftiges Picknick veranstalten. In einem Gehege sieht man einige Mufflons. *44 km*

Tal der Zedern (Cedar Valley) [118 A–B4]

Zypern war noch in der Antike von Zedernwäldern bedeckt, obwohl die jahrtausendelange Kupferverhüttung den Baumbestand schon damals lichtete. Später sind die Bäume dem Schiffs- und Häuserbau und der Holzkohlengewinnung zum Opfer gefallen. Die britischen Kolonialherren begannen in den 1930er-Jahren am Berg Tripilos mit der Wiederaufforstung, sodass hier jetzt über 30 000 meist stattliche Exemplare stehen. Den besten Blick über das Tal der Zedern gewinnen Sie, wenn Sie den ausgeschilderten Wanderweg auf den 1362 m hohen Berg Tripilos zumindest für eine halbe Stunde bergan gehen. *52 km (über Stavrós tis Psókas)*

71

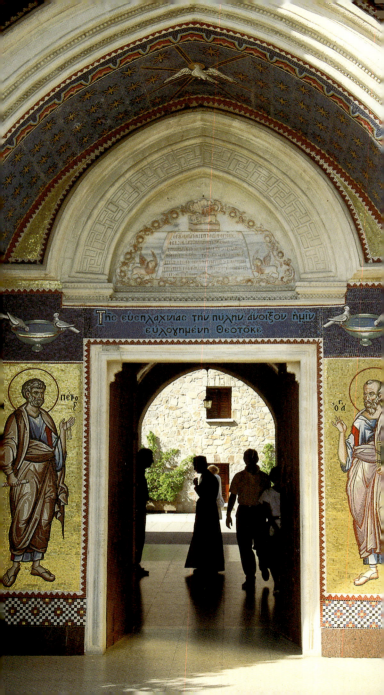

TRÓODOS

Berge und Klöster

Das Gebirge um den Ólympos, den höchsten Berg der Insel, ist voller malerischer Überraschungen

Von Ferne mag man es kaum glauben, dass der höchste Gipfel des Tróodos, der Ólympos, fast 2000 m hoch ist. Ob man nun in Nicosia oder Limassol steht, immer meint man, das ganze Gebirge im Blick zu haben, und man traut dem Ólympos höchstens die Hälfte seiner Höhe zu. Denn der Tróodos gibt sich wie ein Mittelgebirge nahezu ohne steile Felswände, dafür mit umso mehr Hügeln und Wäldern. Erst wenn man ihn durchfährt oder durchwandert, stellt man seine Vielseitigkeit fest, merkt, dass sich hier Höhenzug hinter Höhenzug staffelt, als würde es kein Ende dieser Berge geben.

Von vielen Gipfeln aus hat man einen weiten Blick bis hinunter ans Meer oder auf die Mesaória-Ebene; an klaren Tagen sieht man sogar das Kyrénia-Gebirge. In den Dörfern geht das Leben noch einen beschaulicheren Gang als an der Küste, in einsamen Landstrichen stößt man immer wieder auf sehr interessante, noch bewohnte Klöster und jahrhundertealte Kirchen.

Das Tróodos-Gebirge ist durch Asphaltstraßen und Waldwege, die vor allem der Forstwirtschaft und dem Brandschutz dienen, bestens erschlossen. In einigen Dörfern ste-

Zu Hause, aber offen nach außen

hen Hotels; Kaffeehäuser und Tavernen findet man fast überall. In der Nähe des Ólympos sind zahlreiche Wanderwege gut markiert, Naturlehrpfade erschließen auch die Pflanzenwelt der Insel.

In den Bergen statt am Wasser zu wohnen, ist auf Zypern eine echte Alternative, denn mit dem Mietwagen ist man schnell für ein erfrischendes Bad am Meer, um sich dann wieder in die Ruhe der herrlichen Landschaft zurückziehen zu können.

Die Menschen im Tróodos leben nur zu einem geringen Teil vom Fremdenverkehr. Wenn sie nicht in den Küstenstädten arbeiten und täglich pendeln, ernähren sie sich zumeist von Wein- und Obstanbau und Viehzucht. Der Bergbau, der noch bis vor wenigen Jahren im Tróodos eine bedeutende Rolle spielte – es wurde vor allem Chrom und Asbest abgebaut – ist inzwischen zum Erliegen gekommen.

Das Kloster Kýkko ist ein viel besuchtes Wallfahrtsziel im Tróodos

TRÓODOS

SEHENSWERTE ORTE

Insider Tipp

Agrós [120 A5–6]

Das große Hangdorf im Osten des Tróodos liegt auf 1000 m Höhe in einem weiten Hochtal. Im Mai blühen hier unzählige Rosen, aus deren Blütenblättern Rosenwasser destilliert wird. Die *Destillerie Tsolákis (von der Hauptstraße beim Hospital aus ausgeschildert, Besichtigung und Einkauf tgl. Sonnenauf- bis -untergang)* stellt außerdem Rosenlikör und -wein, Rosenkosmetika und Rosenparfum her.

Galáta [119 D4]

Galáta liegt im Solea-Tal am Nordhang des Tróodos zwischen Obstbäumen und schlanken Pappeln auf gut 600 m Höhe. Schon im Mittelalter kamen venezianische und byzantinische Edelleute gern an heißen Sommertagen hierher, heute ist Galáta eines der Dörfer, in denen sich die hitzegeplagte Stadtbevölkerung aus Nicosia abends und an Wochenenden gern aufhält. Im Dorf stehen einige alte Häuser aus dem 19. Jh., darunter die restaurierte Karawanserei *Hani Kalliana* unmittelbar an der Durchgangsstraße. Zudem besitzt Galáta vier byzantinische Scheunendachkirchen, von denen zwei wegen ihrer Wandmalereien und ihrer fotogenen Umgebung unbedingt einen Besuch lohnen: *Panagía Podíthu* und *Archángelos.* Nach den Kirchenschlüsseln können Sie im großen Kaffeehaus an der Platía fragen.

Die Panagía Podíthu wurde 1502 als Kirche eines jetzt spurlos verschwundenen Klosters erbaut. Ihr Freskenschmuck verrät deutlich den Einfluss der italienischen Renaissance, zum Beispiel in der Architektur im Hintergrund vieler Darstellungen oder auch in der von den Erzengeln flankierten Allheiligen in der Apsiswölbung. Der Auftraggeber für diese Malereien war ein fränkischer Offizier, der sich für die von ihm finanzierten Malereien offenbar einen Künstler aussuchte, der nach seinem Geschmack malte.

Die viel kleinere, nur wenige Schritte entfernt gelegene »Kirche der Erzengel« (Archangeli) aus dem Jahr 1514 besitzt Wandmalereien in einem sehr rustikalen, gar nicht von der Renaissance beeinflussten Stil, obwohl auch hier der Stifter ein fränkischer Edelmann war. Zusammen mit seiner Familie ist er unterhalb des thronenden Christus dargestellt.

Kakopetriá [119 D4]

Das Dorf, dessen Name übersetzt »Schlechter Fels« bedeutet, schließt sich unmittelbar oberhalb an Galáta an und ist sehr viel stärker noch als jenes eine viel besuchte Sommerfrische. Der historische Ortskern, der unter Denkmalschutz steht, ist auf einen lang gestreckten Fels zwischen zwei Bachbetten in einem ohnedies schon engen Tal auf etwa 700 m Höhe erbaut.

Für Hitzegeplagte noch interessanter sind die schattigen Tavernen an einer alten Wassermühle und auf dem großen Dorfplatz, in denen an Sommerabenden ohne Unterlass gegrillt wird.

5 km außerhalb von Kakopetriá ist ein Juwel der byzantinischen Kunst zu finden: die Kirche *Ágios Nikólaos tis Stégis* aus dem 11. Jh. *(Di–Sa 9–16, So 11–16 Uhr, Eintritt frei).* Ihre Wandmalereien gehören zu den Meisterwerken des Mittelalters, stammen aus verschiedenen

TRÓODOS

Jahrhunderten und veranschaulichen unterschiedliche Stilrichtungen. Die frühesten Malereien aus dem 11. Jh. zeigen Figuren mit recht starrer Haltung und starrem Gesichtsausdruck. Die Figuren aus dem 12. Jh. sind schon ausdrucksstärker, wirken aber immer noch stereotyp.

Naiv-lebendig sind die Fresken aus der Mitte des 14. Jhs., z. B. die Szene von Christi Geburt. Westlichen Einfluss verraten einige Soldatenheilige mit Kettenhemd und liliengeschmückten Beinkleidern wie die hll. Theodorus und Georg aus der Spätzeit des 14. Jhs.

Kalopanagiótis [118 C4]
Ganz in der Nähe von schwefelhaltigen Thermalquellen, die auf zypriotische Art für Kuren genutzt werden, liegt im unteren Marathassa-Tal auf etwa 750 m Höhe das Bergdorf Kalopanagiótis. Fremde kommen kaum der Heilquelle wegen hierher, sondern um das ehemalige Kloster *Ágios Giánnis Lampadistís* zu besichtigen.

Das Kloster *(Mo–Sa 8–12 und 13.30–17 Uhr, Eintritt frei)* steht leicht erhöht über einem Bachtal und birgt wertvolle Fresken, die vorwiegend aus dem 13. und 15. Jh. stammen. In den ehemaligen Klosterzellen wurden liebevoll alte landwirtschaftliche Geräte wie eine Öl- und eine Weinpresse installiert. 150 m oberhalb des Klosters entspringen am rechten Ufer des Baches schwefelhaltige Quellen, deren Wasser man trinken kann.

Insider Tipp

Kloster Kýkko [118 B4]
★ Kýkko ist Zyperns berühmtestes Kloster. Weitab von jedem Dorf liegt es in 1140 m Höhe einsam am Hang des gleichnamigen Bergrückens. Hinter seinem strengen Äußeren verbergen sich zwei Innenhöfe mit leichten Arkaden und prachtvollen Mosaiken auf Goldgrund, die Kirche, die um 1995 vollständig ausgemalt worden ist und ein hochmodernes, prachtvoll wie ein Palast gestaltetes *Museum* mit Kunstschätzen von unermesslichem Wert. Sämtliche Klostergebäude, nach einem Brand 1813 neu entstanden, sind außerordentlich gepflegt.

MARCO POLO Highlights
»Tróodos«

★ **Ómodos**
Ein Bilderbuchdorf im Gebirge (Seite 79)

★ **Tróodos**
Zu Fuß die Natur kennen lernen (Seite 80)

★ **Kloster Kýkko**
Reichtum bis zum heutigen Tag (Seite 75)

★ **Hotel Pandochíon Línos**
In einem uralten Dorfhaus in Kakopetriá (Seite 81)

★ **Hotel Forest Park**
Urlaub in 1500 m Höhe in Páno Plátres (Seite 81)

★ **Restaurant Psilo Dendro**
Forellen frisch vom Züchter (Seite 81)

75

TRÓODOS

Eigenwillig

Zyperns Heilige wissen meist genau, was sie wollen

Wie so viele Klostergründungen auf Zypern soll auch die von Troodítissa auf die wundersame Aufforderung durch eine Ikone zurückgehen. Einsiedler hatten das Marienbildnis vor 1000 Jahren in einer Höhle gefunden und begannen am Fundort sogleich, für die Ikone eine Kapelle zu errichten. Was sie am Tag geschaffen hatten, war morgens immer wieder eingestürzt; die Ikone verschwand mehrmals und wurde von den Männern immer an der gleichen Stelle, einem Brunnen am Standort des heutigen Klosters, wiedergefunden. Da wurde ihnen klar, wo Maria ihre Kirche gebaut haben wollte. Das Wunder lockte andere fromme Männer an; die Mönchsgemeinschaft entstand.

Wegen seiner religiösen und geschichtlichen Bedeutung ist das Kloster ein viel besuchtes Wallfahrtsziel der Zyprioten. Im Sommer und an allen Wochenenden herrscht hier ein buntes Treiben, an Sonntagvormittagen finden im Kloster Kýkko meist viele Taufen statt.

Das wichtigste Kultobjekt im Kloster ist eine Marienikone, die der Evangelist Lukas auf ein Holzbrett malte, das ihm von einem Erzengel dafür gegeben worden war. Die Ikone war ein Geschenk des byzantinischen Kaisers zur Klostergründung 1080. Die Ikone, die heute an der Ikonostase hängt und mit Silber und Gold bedeckt ist, bewirkte viele Wunder, sagt man. Insbesondere brachte sie ganzen Landstrichen, die unter Trockenheit zu leiden hatten, den lang ersehnten Regen. Zum Dank dafür wurde das Kloster immer wieder beschenkt und gelangte so zu Reichtum. Ihm gehören Hotels und Industriebetriebe sowie immer noch viele Ländereien auf Zypern;

um das Kloster herum stehen hotelähnliche Pilgerherbergen, zahlreiche vom Kloster verpachtete Souvenirstände und ein klostereigenes Restaurant. Die gerade erst im letzten Jahrhundert entstandenen Mosaike und Wandmalereien zeugen ebenfalls von Wohlstand. Kýkko ist aber nicht nur ein religiöses, sondern auch ein nationales Wallfahrtsziel der griechischen Zyprioten. Nahe des Klosters hatte General Grivas, der Führer des Befreiungskampfes gegen die Briten, sein Hauptquartier aufgeschlagen. Die Mönche unterstützten ihn nachhaltig. Zugleich war einer der ihren, nämlich Erzbischof Makários, der geistige Führer der Freiheitsbewegung. Makários liegt nahe dem Kloster bestattet. Eine gute Asphaltstraße führt hinauf auf den 2 km entfernten Berg Throní, wo Soldaten an seinem Grab die Ehrenwache halten. In der Nähe des Grabes steht eine kleine Kapelle mit einer modernen Mosaikikone der Gottesmutter von Kýkko. An einem Baum

TRÓODOS

neben der Kapelle haben Gläubige Tücher festgeknotet, die die Wirksamkeit ihrer Gebete erhöhen sollen. *Kloster und Grab tagsüber geöffnet, Eintritt frei (Klostermuseum 1,50 CYL)*

Kloster Troodítissa [119 D6]
Anders als Kýkko wirkt das Kloster Troodítissa sehr bescheiden. Seine Mönche widmen sich nicht der Wirtschaft und Politik, sondern dem Apfelanbau und der Viehzucht. In der Klosterkirche von 1731 hängt die mit Silberblech beschlagene Ikone der Gottesmutter, die das Pilgerziel vieler Frauen ist, die sich schon lange ein Kind wünschen. *Nichtorthodoxe Reisende haben keinen Zutritt zum Kloster*

Kourdáli [119 E5]
Urlauber, die sich für byzantinische Kirchen und Wandmalereien interessieren, können einen Abstecher ins Dorf Kourdáli nahe der Straße von Kakopetriá nach Tróodos machen. Dort besitzt die Mariä Entschlafung geweihte Kirche, zu der man über eine venezianische Brücke gelangt, noch eine Reihe von Wandmalereien aus dem 16. Jh. Die Ikonostase und ihre Ikonen stammen aus der gleichen Zeit.

Lagouderá [120 A5]
Am Rande des stillen Bergdorfs im östlichen Tróodos steht die besonders schöne Kirche der *Panagía tu Aráku*. [Insider Tipp] Der überkuppelte Bau aus dem späten 12. Jh. wurde in der Kreuzritterzeit zusätzlich mit dem für den Tróodos typischen Scheunendach geschützt, das hier fast bis auf den Boden reicht. Die Fresken im Innern wurden um 1200 von einem Meister aus Konstantinopel geschaffen. Sie sind ein Beispiel für den die Kunst der Antike reflektierenden Stil der komnenischen Zeit und beeindrucken durch die Würde und Ausdrucksstärke ihrer Figuren. Den Schlüssel zur Kirche verwahrt der Dorfpriester, der entweder im ehemaligen Klostertrakt neben der Kirche oder in einem Kaffeehaus zu finden ist. *Eintritt frei, Postkartenkauf wird erwartet*

Das Scheunendach der Kirche der Panagía tu Aráku in Lagouderá

TRÓODOS

Insider Tipp Louvarás [129 D1–2]

Für Freunde der byzantinischen Kunst lohnt sich ein Abstecher in dieses Dorf im Süden des Tróodos, in dessen Zentrum die Kirche des *Ágios Mámas* mit Wandmalereien aus dem Jahr 1495 steht. Sie stammen vom gleichen Maler wie die von Stavrós tou Agiasmáti und zeigen Heilige, Szenen aus der Passionsgeschichte und mehrere Wunder Christi sowie neben der Stiftungsinschrift die beiden Ehepaare, die für die Ausmalung der Kirche gezahlt haben. *Den Schlüssel erhalten Sie im Dorf in dem Haus, neben dem das zweite Hinweisschild zur Kirche steht*

Monágri [128 B2]

Wie so viele Dörfer im Tróodos ist auch Monágri ein lohnendes Ziel für ausgesprochene Liebhaber der byzantinischen Kunst. Der Dorfpriester verwahrt die Schlüssel zu den Kirchen *Ágios Geórgios* mit Wandmalereien aus dem späten 15. Jh., *Archángelos Michaíl* mit Wandmalereien aus dem 18. Jh. und zur besonders interessanten Kirche der *Panagía Amasgú,* deren Freskenschmuck etwa zwischen 1110 und 1564 entstand.

Moutoullás [118 C4]

Im fruchtbaren Marathasa-Tal, das auf Zypern vor allem wegen seiner 90 000 Kirschbäume bekannt ist, liegt in 800 m Höhe das große Dorf, in dem alte Traditionen lebendig sind. Tischlereibetriebe fertigen unter anderem noch Tröge, in denen früher der Brotteig geknetet wurde, und lange Bretter mit muldenförmigen Vertiefungen, die dazu dienten, das Brot zum Backofen zu tragen. Auf den Terrassen mehrerer Häuser wird *dschudschuko* gekocht und getrocknet, eine zypriotische Spezialität in Wurstform aus Traubenmost und Nüssen. Eine Quelle im Ort liefert das Tafelwasser, das unter

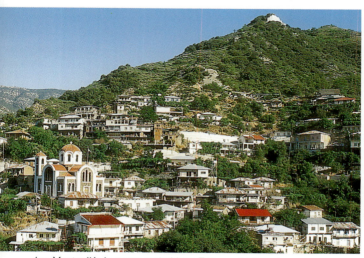

Aus Moutoullás kommen getischlerte Tröge und Mineralwasser

TRÓODOS

dem Namen des Dorfes überall auf Zypern verkauft wird.

Es lohnt sich, einen Bummel durchs Dorf zu unternehmen. Wer keine Kirche auslassen möchte, kann die *Panagía tou Moutoullás* mit einigen schlecht erhaltenen Wandmalereien aus dem Jahr 1280 besichtigen (Schlüssel im anliegenden Haus). Das moderne *Ikonenmuseum* schräg gegenüber ist tagsüber meist geöffnet *(Eintritt frei)*.

Ólympos [119 D5]

Zyperns höchster Berg, der 1951 m hohe Ólympos, ist in weiten Teilen der Insel oft gut zu erkennen: Seinen Doppelgipfel markieren weiße Radarkuppeln des britischen Militärs und Sendemasten des zypriotischen Fernsehens. Dieser Nutzung wegen ist das gesamte Gipfelareal seit 1999 für Zivilisten gesperrt. Die Wegweiser zum Gipfel stehen zwar noch; ihnen zu folgen lohnt aber nur noch im Winter, um die Schlepplifte und Skipisten am Hang des Olymps zu erreichen.

Ómodos [128 A1]

★ Das Weinbauerndorf an einem Berghang gegenüber von Páno Plátres ist besonders stimmungsvoll. Die große, gepflasterte und von vielen Cafés flankierte Platía ist einer der schönsten Dorfplätze Zyperns; auch für den Souvenirkauf ist Ómodos eine gute Adresse. Schauen Sie mal in den Laden des Glasbläsers in der Gasse zur Weinpresse! Mittelpunkt des Dorfes ist das nicht mehr bewohnte *Kloster Stavrós* am unteren Ende der Platía. In der Klosterkirche werden die Schädelreliquie des Apostels Philipp sowie Splitter vom Kreuz und Reste von den Fesselstricken Christi verwahrt.

Verlassen Sie das Kloster durch die Nordtür, gelangen Sie auf die Hauptgasse, die Sie an Souvenirgeschäften und zur Besichtigung offen stehenden, traditionell eingerichteten Wohnhäusern vorbei zur mittelalterlichen Weinpresse *Línos* führt *(tagsüber geöffnet, Eintritt frei)*. Daneben kann in einem anderen alten Gewölbe Wein verkostet und gekauft werden. Auch die Weinkellerei *Olympus* am Dorfrand steht Besuchern *(Mo–Fr 10–16 Uhr)* offen.

Palaichóri [120 B5]

Das noch sehr ursprüngliche Dorf an der Straße von Nicosia über Agrós nach Limassol besitzt zwei sehenswerte Kirchen mit schönen Fresken. Die Kirche der *Metamórfosis* erhebt sich auf einem Hügel über dem Ort und ist vollständig mit sehr gut erhaltenen Wandmalereien aus dem frühen 16. Jh. geschmückt. Eine der hochinteressanten Darstellungen zeigt das Gastmahl des Abraham, der drei Engel an einem halbkreisförmigen Tisch bewirtet. Vor dem Tisch trinkt ein Zicklein gerade beim Muttertier.

Die Kirche der *Panagía Chrissopantanássa* auf dem Dorfplatz besitzt vier Freskenzyklen aus dem 16. Jh., die allerdings noch nicht gereinigt wurden und daher nur schlecht zu erkennen sind. Die Schlüssel für die Kirchen können Sie beim Dorfpriester erbitten.

Páno Amiándos [119 E5]

Páno Amiándos ist ein ehemaliges Bergarbeiterdorf, das unmittelbar vor dem Schandfleck des Gebirges liegt: einer ausgedehnten Abraumhalde und kahlen, nackten Berghängen. Hier wurde bis in die 1980er-Jahre Asbest abgebaut.

79

TRÓODOS

Páno Plátres [119 D6]

Die Sommerfrische in 1100 m Höhe ist mit zahlreichen Hotels und Tavernen das touristische Zentrum des Tróodos-Gebirges. Im Hochsommer und während der Skisaison im Januar und Februar herrscht hier reger Betrieb. Für Ausflüge in andere Teile des Gebirges ist Páno Plátres ein guter Standort; Sehenswürdigkeiten besitzt der Ort aber nicht.

Pedoulás [118 C5]

Am oberen Ende des Marathasa-Tals liegt in 1170 m Höhe Pedoulás, ein großes Dorf inmitten von Kirschgärten, das leider durch viele Wellblechdächer an Reiz verliert. Liebhaber byzantinischer Kunst finden nahe der modernen Hauptkirche im Unterdorf die *Scheunendachkirche des Erzengels Michael* mit Wandmalereien aus dem späten 15. Jh. Den Schlüssel erhält man im Nachbarhaus oder vom Dorfpriester.

Phíni (Foíni) [119 D6]

Das große Bergdorf war noch bis vor zwei Jahrzehnten ein Töpfereizentrum Zyperns. Heute sind nur noch zwei kleine Keramikwerkstätten in Betrieb. Sehr sehenswert ist das private *Pivlákion Folk Museum* mit einer großen Keramiksammlung *(an der Dorfstraße ausgeschildert; wenn geschlossen, im nächsten Kaffeehaus fragen, Eintritt 75 c).*

Pródromos [119 D5]

Der nach Johannes dem Täufer benannte Ort in 1400 m Höhe ist Zyperns höchstgelegenes ständig bewohntes Dorf.

Stavrós tou Agiasmáti [120 A4]

Fernab von jedem Dorf steht im östlichen Tróodos inmitten der bewaldeten Berge das einsame Scheunendachkirchlein *Stavrós tou Agiasmáti*. Hat man zuvor den Schlüsselverwahrer in einem der Kaffeehäuser des 4 km entfernten Dorfes Platanistássa abgeholt, kann man auch den Freskenschmuck im Innern betrachten. Von besonderer Bedeutung sind die Malereien in einer Mauernische in der linken Kirchenwand aus dem 15. Jh. Sie zeigen die Bekehrung von Kaiser Konstantin zum Christentum und die Auffindung des wahren Kreuzes Christi durch seine Mutter Helena.

Tróodos [119 D5]

★ In 1700 m Höhe ist dicht unterhalb des Ólympos ein kleines Ferienzentrum entstanden, in dem fast jeder Tróodos-Besucher eine Rast einlegt. Mehrere Tavernen, zwei Hotels, ein Campingplatz, ein Reitstall mit Mietpferden und eine Tennisanlage stehen zur Verfügung. Im Winter kann man am Weg von Tróodos auf den Ólympos sogar Skier ausleihen.

In Tróodos beginnt ein sehr gut markierter und in 1700 m Höhe nahezu eben verlaufender Naturlehrpfad. Er führt fast ganz um den Olymp herum, macht mit Pflanzen und geologischen Erscheinungen bekannt und ermöglicht zugleich viele schöne Ausblicke. Er ist 12 km lang und mündet auf die Straße von Pródromos nach Tróodos, auf der man die restlichen 4 km in den Ort zurückwandern kann. Der Wanderweg erfordert keinerlei Anstrengungen und ist auch in Sport- oder Freizeitschuhen leicht zu meistern. Am Beginn des Wegs liegen manchmal Broschüren aus, die die Sehenswürdigkeiten am Wegesrand auch auf Deutsch erläu-

TRÓODOS

tern. Sie können auch vom Fremdenverkehrsamt bezogen werden.

ESSEN & TRINKEN

Restaurants finden Sie auch im Gebirge. Besonders zahlreich sind sie in Kakopetriá, Páno Plátres und Tróodos; essen können Sie aber auch am Kloster Kýkko, in Ómodos und Pedoulás, in Pródromos und Agrós. Weitere Lokale finden Sie an den Hauptstraßen durchs Gebirge. Vier Restaurants verdienen besondere Erwähnung:

Danae [119 D4]
Sehr einfache Taverne, spezialisiert auf *scheftaliá* in Fladenbrot. *Tgl. ab 9 Uhr, Dorfplatz von Kakopetriá,* €

Maryland [119 D4]
◣▮◢ Gepflegtes Restaurant in einem äußerst originellen Bau an der alten Wassermühle. Großartige Aussicht! *Tgl. ab 12 Uhr, Kakopetriá,* €€

Phini Tavern [119 D6]
◣▮◢ Taverne mit Terrasse, guten Weinen, zypriotischer Küche und exzellenten Steaks am Dorfplatz. *Di–Sa 12–23 Uhr, So 12–15 Uhr, Phíni,* €€

Psilo Dendro [119 D6]
★ Restaurant bei Páno Plátres mit großem Garten unter hohen Platanen. Köstlich: die Forellen aus eigener Zucht. *Tgl. 9–16 Uhr, im Hochsommer länger,* €€

ÜBERNACHTEN

Forest Park [119 D6]
★ Bestes Hotel im Gebirge. Englische Atmosphäre. Pool unter Schatten spendenden Bäumen. Verlangen Sie unbedingt Zimmer im Neubau! *137 Zi., Páno Plátres, Tel. 02/42 17 51, Fax 42 18 75, www.forestparkhotel.com.cy,* €€

Jack's [118 C5]
Einfache Pension. *20 Zi., Pedoulás, Tel. 02/95 23 50, Fax 95 28 17,* €

Jubilee [119 D5]
Hotel oberhalb des Ortes Tróodos an der Straße zum Ólympos. *37 Zi., Tróodos, Tel. 05/42 01 07, Fax 02/67 39 91,* €

Olga's Katoi [118 C4] *Insider Tipp*
Familiär geführte Pension in einem restaurierten Natursteinhaus mitten im Dorf. *10 Zi., Kalopanagiótis, Tel. 02/35 02 83, Fax 35 13 05,* €

Pandochíon Línos [119 D4]
★ Zehn traditionell eingerichtete Zimmer, z. T. mit Whirlpool, in Natursteinhäusern im denkmalgeschützten Dorfteil. *Kakopetriá, Tel. 02/92 31 61, Fax 92 31 81,* €

Pendeli [119 D6]
Gut ausgestattetes Hotel mit Pool im Ortszentrum. *81 Zi., Páno Plátres, Tel. 05/42 17 36, Fax 42 18 08, pendeli@cylink.com.cy,* €€

Rodon [120 A5–6] *Insider Tipp*
Modernes Hotel mit Pool, das einer Gemeinschaft von Dorfbewohnern gehört. *155 Zi., Agrós, Tel. 05/52 12 01, Fax 52 12 35, www.swaypage.com/rodon,* €

Tróodos [119 D5]
◣▮◢ Das Hotel liegt auf 1700 m Höhe im winzigen Ortszentrum von Tróodos. Herrlich ruhig, grandiose Aussicht. *48 Zi., Tróodos, Tel. 05/42 01 35, Fax 42 01 60,* €

NORD-ZYPERN

Der andere Teil der Insel

Als Tourist können Sie auch dem türkisch besetzten Norden Zyperns einen Besuch abstatten

Der Nordteil der Insel ist mindestens ebenso schön wie der Süden. Auch hier wartet Zypern mit schöner Natur und historischen Stätten auf. Doch leider kann man wegen der politischen Lage nicht ganz Zypern in einem einzigen Urlaub bereisen. Wer im Norden mehr als ein paar Stunden verbringen will, muss von Deutschland aus Nord-Zypern anfliegen (mit vorgeschriebener Zwischenlandung in der Türkei). Pauschalurlaub in Nord-Zypern dürfen nur Veranstalter anbieten, die die Republik Zypern nicht im Programm führen: meist kleinere Türkei-Spezialisten.

In diesem MARCO POLO Band werden deshalb nur die bedeutendsten Sehenswürdigkeiten im Norden beschrieben, die man im Rahmen eines Tagesausflugs von Nicosia aus besuchen kann. Organisierte Ausflüge in den türkisch besetzten Teil werden nicht angeboten. Reiseleiter raten meist davon ab, den Norden zu besuchen, und behaupten gar, der Grenzübertritt sei nicht möglich. Die Gründe dafür sind politischer Art: Ausländer sollen nicht tun, was griechische Zyprioten nicht dürfen; das Regime im Norden soll nicht durch Geld von Tagebesuchern gestützt werden.

Auf eigene Faust sind Tagesausflüge jedoch an den meisten Tagen des Jahres möglich. Nur in Zeiten besonderer Hochspannung verwehren die griechischen Zyprioten Ausländern den Grenzübertritt. Ob die Grenze geöffnet ist, muss man jeweils persönlich am einzigen Grenzübergang für Ausländer erfragen. Er liegt in Nicosia neben der mittelalterlichen Stadtmauer am ehemaligen Hotel Ledra Palace (nicht zu verwechseln mit dem Hotel Ledra in der Neustadt).

Der Grenzübergang kann nur zu Fuß passiert werden (hin bis 12 oder 13 Uhr, zurück bis 18 Uhr). Übernachtungen im besetzten Teil sind ebenso wie Einkäufe dort von griechisch-zypriotischer Seite aus streng verboten. Wer nicht bis 18 Uhr wieder am griechisch-zypriotischen Grenzübergang ist, darf überhaupt nicht mehr einreisen, muss also auf dem Umweg über Istanbul und Athen nach Zypern zurückkehren.

Die Behörden des besetzten Teils erteilen ein Tagesvisum gegen Zahlung von 1 CYL sofort. Der Rei-

Palästra von Sálamis –
hier finden Sie beeindruckende
Zeugnisse der Antike

83

FAMAGUSTA

sepass darf von ihnen aber auf keinen Fall gestempelt werden: Wer einen Stempel des türkisch besetzten Teils im Reisepass hat, darf damit nicht in die Republik Zypern einreisen, also auch nicht vom Tagesausflug dorthin zurückkehren!

Währung im Norden ist die Türkische Lira. Fast überall werden jedoch auch zypriotische Lira, Euro und Schweizer Franken akzeptiert.

Den Nordteil von Nicosia besucht man am besten zu Fuß. Für Rundfahrten im türkisch besetzten Teil nimmt man sich eines der Taxis, die am Grenzübergang stehen. Meist verlangen die Taxifahrer für eine Tagestour etwa 60 Euro. Theoretisch ist es zwar möglich, an einem einzigen Tag Famagusta, Sálamis, Kerýneia nd Belapaís zu besuchen; die Zeit an jedem Ort ist dann jedoch äußerst knapp. Man entscheidet sich besser entweder für eine Tour nach Famagusta und Salamis oder eine Tour nach Kýreneia, Ágios Ilárion und Belapaís.

Beim Kauf von Erfrischungsgetränken, Postkarten und Briefmarken helfen in der Regel die Taxifahrer mit Türkischen Lira aus. Man bezahlt sie dann hinterher mit Devisen. Die Chauffeure geben auch aktuelle Tipps für einen kurzen Tavernenbesuch und sprechen alle etwas Deutsch oder Englisch.

FAMAGUSTA

[119 D2] Famagusta (griechisch: Ammóchostos, türkisch: Magosa) war bis 1974 der bedeutendste Hafen der Insel, und hier standen nahezu alle Hotels Zyperns. Die Altstadt war schon seit 1964 ein rein türkisch-zypriotisches Wohnviertel,

das unter dem Schutz der UN stand. Die moderne Hotelstadt Varosha war aber ausschließlich von griechischen Zyprioten bewohnt.

Im Mittelalter war Famagusta noch vor Nicosia die bedeutendste Stadt der Insel. Im 14. Jh. hatte sie über 70 000 Einwohner. Über ihren Hafen wurde der Handel mit Vorderasien abgewickelt, der Famagusta enormen Wohlstand einbrachte. Seine adligen Bewohner waren sehr reich und stifteten zahlreiche große Kirchen, deren Ruinen noch heute stehen. Sie bilden einen reizvollen Kontrast zu den orientalisch anmutenden Bazargassen und zu den Minaretten, die einige christliche Gotteshäuser bei der Umwandlung in Moscheen bekamen.

SEHENSWERTES

Lala-Mustafa-Moschee

Gut 90 Jahre nach dem Baubeginn an der gotischen Kathedrale von Nicosia und kurz nach der Vertreibung der letzten Kreuzritter aus dem Heiligen Land prosperierte das fränkische Königreich auf Zypern so sehr, dass man mit dem Bau einer zweiten Kathedrale in Famagusta begann, die binnen 28 Jahren fertig gestellt war und gleichzeitig mit der Sophienkathedrale in Nicosia 1326 geweiht wurde. Sie ist im Stil der Gotik erbaut; ihre prächtige Westfassade erinnert an die gotischen Kathedralen Frankreichs. Nur ein angebautes, kurzes Minarett verrät, dass die Kirche 1571 in eine Moschee umgewandelt wurde.

Othello-Turm

Den Hafen von Famagusta sicherte im Mittelalter eine Zitadelle, die in die Stadtmauern integriert

NORD-ZYPERN

Türken ohne Tee

Warum man im Norden Zyperns keinen türkischen *tsai* serviert bekommt

In der Türkei gilt der in kleinen Gläsern servierte Tee als Nationalgetränk. Die türkischen Zyprioten kennen ihn jedoch nicht. Als der »Vater der Türkei«, Kemal Atatürk, aus den Festlandstürken Tee- statt Kaffeetrinker machte, weil Tee im Gegensatz zu Kaffee im eigenen Land wuchs, war Zypern ja noch britische Kolonie. So blieb man hier bis heute beim gewohnten Mokka.

war. Man nennt sie seit der britischen Kolonialzeit den Othello-Turm, weil Shakespeares Tragödie ja auf Zypern spielt und diese kleine Burg am besten als Schauplatz der Ermordung von Othellos Gattin Desdemona vorstellbar ist. Vom Dach aus hat man den schönsten Blick über die Altstadt.

ESSEN & TRINKEN

In der Altstadt von Famagusta gibt es einfache Restaurants, die meist nur türkische Lira als Zahlungsmittel akzeptieren. Für eine Mittagspause besonders zu empfehlen ist jedoch das Restaurant am Eingang zu den Ausgrabungen von Sálamis. Da kann man am Meer sitzen.

ZIELE IN DER UMGEBUNG

Kloster Barnabás (Moní Apóstolou Varnáva)   [118 C1]

Der Apostel Barnabas, der der Begleiter des hl. Paulus auf seiner Missionsreise durch Zypern war, wurde – so heißt es in der Legende – in Sálamis ermordet. 477 fand Zyperns Erzbischof Anthemios das Grab des Heiligen, was kurze Zeit darauf zur Anerkennung einer unabhängigen

zypriotischen Nationalkirche führte. Über dem Grab des Apostels steht heute eine kleine, moderne Kapelle etwa 100 m unterhalb des vermutlich im 5. Jh. gegründeten Barnabas-Klosters. Dessen Kirche stammt ursprünglich aus dem 10. Jh., wurde im 18. Jh. jedoch umgebaut. Im Kloster selbst befindet sich heute ein kleines *Archäologisches Museum;* in der großen Klosterkirche sind Ikonen ausgestellt. *8 km*

Sálamis   [125 D1]

Den besten Überblick über die Ausdehnung des antiken Sálamis gewinnt man von den oberen Rängen des römischen Amphitheaters, das 15 000 Zuschauern Platz bot. Eindrucksvoll sind auch die Säulen und Fußböden der römisch-frühchristlichen Palästra, in der eine antike Gemeinschaftslatrine mit Platz für 44 Besucher gut erhalten blieb. Auf dem Ausgrabungsgelände liegen außerdem die Gemäuer zweier frühchristlicher Basiliken und eines antiken Zeus-Tempels.

Außerhalb des umzäunten Stadtgeländes fallen links der Straße zum Kloster Barnabas einige merkwürdige Erdhügel auf. Sie markie-

85

KERÝNEIA

ren den Bereich der antiken Nekropole, deren Gräber anders als die Ruinen der Stadt nicht aus römischer Zeit stammen, sondern schon aus dem 7. und 6. Jh. v. Chr. Die Funde sind im Zypern-Museum in Nicosia zu sehen. Vor Ort geblieben sind die Skelette von Zugtieren, die beim Begräbnis der Könige in deren Gräbern geopfert wurden. *8 km*

KERÝNEIA

[0] Nur 25 km, das heißt 45 Autominuten von Nicosia entfernt liegt jenseits der schmalen Kette des Kyrénia-Gebirges Zyperns schönste Stadt. Auf Türkisch heißt sie heute Girne.

Ihr Zentrum ist das kleine, fast kreisrunde Hafenbecken aus venezianischer Zeit. Das Ufer säumen Cafés und Restaurants, dahinter erheben sich jahrhundertealte Häuser. Eine mächtige Festung nimmt eine Seite des Hafens ein. Innerhalb der Altstadt ragen Kirchtürme und Minarette auf. Gleich hinter dem Ort steigt die Landschaft steil zum Gebirge an. Die alpin anmutenden Gipfel des Pendedáktilos sind ein berauschender Anblick. Die schmale Ebene entlang der Nordküste steht voller Zitronen- und Orangenbäume.

Ganz in der Nähe von Keryneia liegt am Hang des Gebirges das Dorf Belapaís mit der Ruine einer gotischen Abtei. Ein Abstecher von der nach Nicosia führenden Straße bringt Tagesausflügler zur Kreuzritterburg St. Hilárion. So erhält man auch als Tagesbesucher schon einen guten Eindruck von der Nordküste.

SEHENSWERTES

Burg
Die den Hafen dominierende Burg wurde bereits in byzantinischer Zeit angelegt und dann von den Franken und den Venezianern erweitert und zeitgenössischer Militärtechnik angeglichen. Von den Mauern aus hat man den schönsten Blick über Keryneia und die Berge.

Blick über die Festung auf den schönen Hafen von Kerýneia

NORD-ZYPERN

Hafen

Im Hafen von Kerýneia haben schon Schiffe der Byzantiner und der Venezianer gelegen. Mitten in der Hafeneinfahrt erkennt man die Ruinen eines Turms, von dem aus im Mittelalter zum Schutz vor unerwünschten Gästen eine Kette zum heutigen Zollhaus hinübergespannt werden konnte.

MUSEEN

Ikonen-Museum

Nach 1974 sind zahlreiche christliche Kunstwerke außer Landes geschmuggelt und an Sammler verkauft worden. Eine Reihe von Ikonen, die rechtzeitig vor der Plünderung in die Magazine der Archäologen gebracht werden konnten, sind seit 1990 in der Archángelos-Kirche in der Altstadt ausgestellt. *Mai bis Sept. tgl. 9–19 Uhr, sonst tgl. 9–13 und 14–16.45 Uhr*

Schiffswrack-Museum

Vor 2300 Jahren sank vor der Küste Kerýneias ein Handelsschiff, dessen Wrack und Ladung Archäologen vor 20 Jahren vom Meeresgrund bargen. Es war über 4 m breit und mehr als 14 m lang. Aus der Ladung ließ sich die Route seiner letzten Fahrt erschließen. Die 400 Weinamphoren stammen von Samos und Kos. Außerdem hatte man 29 steinerne Getreidemühlen und 9000 Mandeln geladen, die bis heute erhalten blieben. Die Funde sind jetzt in einem Museum in der Burg zu sehen. *Tgl. 8–17.30 Uhr*

ESSEN & TRINKEN

Eine entspannte Mittagspause legt man am besten in einem der Restaurants am malerischen Hafen ein. Dort werden sogar zypriotische und Euro-Währung akzeptiert. Kleine Mahlzeiten bekommen Sie auch direkt an der Klosterruine von Belapaís, wo man einen prächtigen Blick auf die Küstenebene genießt.

ZIELE IN DER UMGEBUNG

Ágios Ilárion [0]

Von den Gipfeln des Kyrénia-Gebirges aus reicht der Blick an klaren Tagen bis zur türkischen Küste. Schon die Byzantiner hatten aus diesem Grund auf einigen Bergen Wehrburgen erbaut, von denen aus sie die See zwischen Zypern und Kleinasien überwachen konnten. Die Burg Ágios Ilárion ist die größte und am besten erhaltene. Für die Besichtigung sollten Sie mindestens eine Stunde veranschlagen. *Tgl. 8.30–16.30 Uhr. 10 km*

Belapaís [0]

Das schöne Bergdorf, das vor 1974 von griechischen Zyprioten bewohnt war, kann sich der romantischsten Ruine des Landes rühmen. Augustinermönche gründeten hier 1205 eine Abtei, die schnell Reichtum und Einfluss erlangte. Die prächtigen Spitzbögen des ehemaligen Kreuzgangs zeugen ebenso davon wie das große, intakt gebliebene Refektorium und die Kellerräume im Baustil der Gotik. An Sommerabenden gibt es hier manchmal Konzerte. Eine Besichtigung nimmt etwa 30 Minuten in Anspruch. Bei genügend Zeit sollten Sie sich danach zu einer Kaffee- oder Eispause im Café vor dem Klostereingang unter einem der Maulbeerbäume niederlassen. *Tgl. 8–18 Uhr. 5 km*

AUSFLÜGE & TOUREN

Auf Tagestouren Zyperns Vielfalt entdecken

Die Touren sind in der Karte auf dem hinteren Umschlag und im Reiseatlas ab Seite 116 grün markiert

1 EIN TAG IM TRÓODOS-GEBIRGE

Zyperns ganze Vielfalt erschließt sich nur denen, die auch mindestens einen Tag im Gebirge verbringen. Sie werden stille Dörfer, schöne Täler, einzigartige Kirchen und Klöster erleben und im Hochsommer sicherlich auch die angenehme Kühle und die würzige Waldluft genießen. Länge der Rundfahrt ab und bis Limassol: ca. 175 km. Zeitbedarf mindestens 10 bis 12 Stunden.

Wer früh genug aufsteht, kann zu dieser Mietwagentour durch das Tróodos-Gebirge natürlich von jedem Urlaubsort auf Zypern aus starten. Wer sich bei Sonnenaufgang lieber noch einmal auf die andere Seite dreht, unternimmt die Fahrt am besten von Limassol oder Pissoúri aus. Zunächst geht es über die Autobahnausfahrt 28 auf der Höhe von Limassol auf gut ausgebauter

Am Hang des Bergs Kionía liegt das Kloster Machairás

Landstraße in die Berge hinein. Die Wegweiser zeigen nach Platres. Zwei Stauseen werden passiert, der Ólympos ist schon deutlich zu sehen. Man erkennt ihn an der weißen Radarkuppel und der rotweißen Stabantenne auf seinem Doppelgipfel. Terrassierte Weinberge liegen am Straßenrand; die hier gezogenen Trauben werden zum Teil für die Herstellung des süßen Commandaria-Weins genutzt. In *Lánia* lohnt ein erster Stopp. Im Dorf können Sie mehreren Künstlern und Kunsthandwerkern bei der Arbeit zusehen und deren Erzeugnisse auch kaufen.

Kurz hinter *Trimiklíni* gabelt sich die Straße dann. Links geht es auf kürzestem Wege nach Plátres, rechts in Richtung Kakopetriá und Nicosia. Fährt man zunächst in Richtung Nicosia weiter und dann auf der Passhöhe links in Richtung Tróodos, kommt man am riesigen Tagebaugelände vorbei, in dem noch bis in die 1980er-Jahre Asbest abgebaut wurde. Die Straße führt jetzt kurvenreich an mehreren Picknickplätzen vorbei durch schütteren Wald weiter bergan. Charakteristische Pflanzen sind hier oben Steineiche, Schwarzkiefer und Erdbeerbaum. Auf 1700 m Höhe ist der Weiler *Tróodos (S. 80)* erreicht.

Der Ólympos soll jetzt vollständig umfahren werden. Dazu geht es zunächst in das für seine leckeren Äpfel gerühmte *Pródromos (S. 80)*, von dort zum einsam gelegenen Mönchskloster *Troodítissa (S. 77)* und dann in den Luftkurort *Páno Plátres (S. 80)*.

Hier lohnt sich ein Forellenessen im Waldrestaurant *Psilo Dendro (S. 81)* unter schattigen Bäumen. Den Kaffee nach dem Essen sollten Sie sich allerdings bis zum nächsten Stopp im Weinbauerndorf *Ómodos (S. 79)* aufheben. Um hinzukommen, fahren Sie zunächst durch *Páno Plátres* abwärts nach *Káto Plátres* und dann weiter über *Mandriá*. Nach einem Besuch im Kloster und einem Bummel durch die romantischen Gassen ist der Kaffee auf dem schönsten Dorfplatz der Insel ein besonderer Genuss.

Die Rückfahrt von Ómodos an die Küste gerät noch einmal zu einem großartigen Landschafts- und Naturerlebnis, wenn man durch das Flusstal des *Diarízos* hinunterfährt. Im Tal liegen mehrere verlassene oder nur noch von einem Viehzüchterpaar bewohnte, ehemals türkisch-zypriotische Dörfer; große Schaf- und Ziegenherden ziehen über die grünen Hänge. Noch bewohnte Dörfer am Wegesrand, in deren Kaffeehäusern nur wenige Fremde Halt machen, sind *Ágios Nikólaos*, *Mamoniá* und *Fasoúlla*. 2 km westlich von *Koúklia (S. 70)* kehren Sie dann auf die alte Küstenstraße zurück. Falls es schon spät geworden ist, fahren Sie allerdings besser von Ómodos über Ágios Amvrósios an die Küste.

Insi Tip

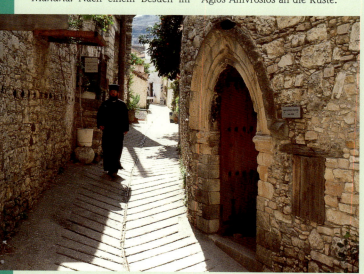

Das Weinbauerndorf Ómodos hat eine ganz eigene Atmosphäre

AUSFLÜGE & TOUREN

2) LANDSCHAFTSERLEBNISSE UND HISTORISCHE STÄTTEN IM INSELWESTEN

Die Region um Páfos gilt als Heimat der Liebesgöttin Aphrodite. Es lohnt sich, einen Tag lang mit dem Mietwagen auf ihren Spuren zu wandeln. Die Reisenden erwarten außer Tempelresten, Kirchen und einem Kloster vor allem höchst unterschiedliche Küstenlandschaften und eine vielfältige Pflanzenwelt. Länge der Fahrt ab Felsen der Aphrodite bis Páfos: ca. 140 km. Zeitbedarf mindestens 9 bis 10 Stunden.

Der beste Ausgangsort für diese Tour ist Páfos, man kann sie aber auch in abgewandelter Reihenfolge ab Pólis unternehmen. Startpunkt ist der *Felsen der Aphrodite (S. 68),* von den Zyprioten *Pétra tou Romioú* genannt. Hier soll die antike Göttin dem Meer entstiegen sein und erstmals den Boden der Erde betreten haben. Die Küstenstraße führt von diesem idyllischen Platz aus in westlicher Richtung durch die weite, fruchtbare Küstenebene von Páfos. Schon nach etwa zehn Minuten Fahrtzeit erkennt man deutlich über dem Abhang eines niedrigen Tafelberges eine kleine Festung: *Covocle.* Sie markiert das antike Aphrodite-Heiligtum von *Palaiá Páfos,* das Sie nun besichtigen. Lohnend ist auch der Besuch des Museums. Über die Küstenstraße geht es anschließend weiter nach *Geroskípou (S. 68).* Auf dem Dorfplatz unmittelbar an der Hauptstraße erhebt sich die altertümliche Kirche *Agía Paraskeví* mit ihren sechs Kuppeln. Der Name des Dorfes bedeutet »Heiliger Hain«. An der Stelle der Kirche stand im Altertum ein Altar inmitten eines schönen Gartens; Pilger, die in Páfos angekommen waren, brachten hier auf ihrem Weg zum Aphrodite-Heiligtum ein Opfer dar.

Páfos (S. 62) muss man ohnehin einen ganzen Urlaubstag widmen; unsere Tour führt darum an der Stadt vorbei in Richtung *Pólis.* Lohnend ist hinter Pólis der kurze Abstecher zum Kloster *Ágios Neófytos (S. 69)* mit seiner vollständig ausgemalten Höhlenkirche. Hier wird der Gegensatz zwischen den lebenslustigen Göttern der Antike und den zu Ernst und Strenge auffordernden, ständig an den Tod erinnernden christlichen Heiligen besonders deutlich.

Die Hauptstraße führt zunächst weiter die Hänge hinauf, die anfangs noch mit vielen Johannisbrotbäumen bedeckt sind und auf denen nun überwiegend Weingärten stehen. Dann senkt sie sich an die Nordküste hinab, passiert Orangenhaine und Tabakfelder und erreicht schließlich die Kleinstadt *Pólis (S. 71).* Hier oder im benachbarten *Lakkí (S. 70)* mit dem schönen Fischerhafen können Sie gut baden und eine Mittagspause einlegen.

Anschließend geht die Fahrt durch die ausgesprochen liebliche Küstenlandschaft vorbei am *Hotel Anassa,* dem luxuriösesten und teuersten der Insel, bis ans westliche Ende der Straße an den *Bädern der Aphrodite (S. 67).* Im lauschigen Quellteich dort soll sich die schöne Aphrodite mit ihrem Geliebten Akamás getroffen haben, nach dem heute die ganze große Halbinsel im äußersten Westen Zyperns benannt ist.

91

Für die Rückfahrt an die Südküste können Sie eine kleinere Alternativroute wählen, die über noch recht ursprünglich gebliebene Dörfer führt. In *Droúseia (S. 68)* gibt es mehrere besonders urige Tavernen. Im ehemaligen Korbflechterdorf *Iniá* erinnert ein kleines Museum an dieses Handwerk *(ausgeschildert, tgl. 11–18.30 Uhr, Eintritt frei)*. *Káto Aródes* war vor 1974 von türkischen Zyprioten bewohnt, *Páno Aródes* von Christen. Sarkophage auf dem Kirchplatz belegen, dass diese Gegend schon in der Antike besiedelt war. Wegen seiner guten Tavernen lohnt *Káthikas* einen Stopp. Wenn unten in Páfos die ersten Lichter angehen, ist die Fahrt von *Káthikas* über das große Dorf *Pégeia* besonders eindrucksvoll. Man genießt einen Ausblick, wie Piloten ihn im Landeanflug auf Páfos haben. Unten in der Stadt schmeckt dann eine Flasche Weißwein Marke Aphrodite besonders gut.

3 UNTERWEGS RUND UM LÁRNAKA

Wenn Sie im Bereich von Lárnaka und Agía Nápa Urlaub machen, ist dieser Tagesausflug mit dem Mietwagen der Richtige für Sie. Er verbindet Erlebnisse ganz unterschiedlicher Art miteinander und lässt auch noch Zeit für ein erfrischendes Bad und einen Einkaufsbummel. Länge der Rundfahrt ab und bis Lárnaka: ca. 150 km. Zeitbedarf mindestens 9 bis 10 Stunden.

Zunächst führt die Route über die Autobahn in Richtung Limassol bis zur Ausfahrt 13. Von dort geht es auf sehr gut ausgebauter Straße hinauf in die Ausläufer des *Tróodos-Gebirges* bis ins große Bergdorf *Páno Léfkara (S. 37)*. Es ist berühmt für Hohlsaumstickereien der Frauen des Ortes und Silberfiligranarbeiten, die Sie in zahlreichen Läden erstehen können.

Die Weiterfahrt führt über das kleine Dorf *Káto Drys* mit einem sehr ursprünglichen Kaffeehaus hinunter in ein von Hügeln umschlossenes Hochtal mit dem Kloster *Ágios Minás (S. 37)* in seinem Zentrum. Hier können Sie einer Nonne beim Ikonenmalen zuschauen und bei wirklich großem Interesse auch eine Ikone nach Wahl in Auftrag geben. Über *Vávla* führt die Straße dann wieder aus dem Tal hinaus und hinunter nach *Choirokoitía (S. 35)*, wo kurz vor der Autobahnausfahrt links am Hang das besterhaltene jungsteinzeitliche Dorf Zyperns ausgegraben wurde. Hier haben schon vor etwa 9000 Jahren Menschen in Steinhäusern gelebt. Auf der Autobahn geht es weiter in Richtung Limassol bis zur Ausfahrt 17. Eine Stichstraße führt hinunter zu den Stränden von *Governor's Beach* mit schönen Tavernen und einer noch weitgehend unverbauten Landschaft.

Nach der Mittagspause fahren Sie über die Autobahn in Richtung Nicosia. An der Ausfahrt 11 fahren Sie ab und auf den Kreuzesberg *Stavrovoúni* hinauf, wo das Kloster *(S. 37)* allerdings nur von Männern besichtigt werden darf. Anschließend geht es ein kurzes Stück zurück in Richtung Autobahnauffahrt und in das stille Dorf *Pýrga (S. 37)* mit der Königlichen Kapelle. Die Straße führt dann durch Wald und durch eine sehr eigenartig anmu-

AUSFLÜGE & TOUREN

Zyperns ältestes Kloster Stavrovoúni steht auf einem Bergkegel

tende, weiß und rötlich gefärbte Tafelberglandschaft über *Kaló Chorió* wieder nach Lárnaka.

VON DER HAUPTSTADT IN DIE EINSAMKEIT

 Diese Tagestour mit dem Mietwagen entführt Sie aus der Hektik der zypriotischen Metropole in einsame Regionen, nämlich in die östlichen Ausläufer des Tróodos-Gebirges. Sie erleben eine perfekte Mischung aus Kultur und Natur. Weil Tavernen fehlen, nehmen Sie am besten ein Picknick mit. Länge der Rundfahrt ab und bis Nicosia: ca. 100 km. Zeitbedarf: mindestens 7 bis 8 Stunden.

Um aus Nicosia herauszufinden, folgen Sie zunächst den Wegweisern nach Stróvolos und dann denen nach Lakatámeia. Hinter Lakatámeia folgt dann das große Dorf *Káto Deftéra*. An der Felswand nördlich des Dorfes erkennen Sie die Höhenkirche *Panagía Chrysospiliótissa,* zu der man hinaufsteigen kann. In Pera zweigt dann eine Straße ins Dorf *Politikó* ab. Dort sind zwei antike Königsgräber zu besichtigen und das Kloster *Ágios Iraklídios (S. 57)*, dessen Nonnen Marzipan herstellen und verkaufen. Anschließend geht es über *Kampiá* weiter hinauf ins Gebirge zum Mönchskloster *Machairás (S. 58)*, das völlig einsam in dichten Wäldern auf 900 m Höhe liegt. Von hier geht es durch das fast menschenleere Bergdorf *Lazaniás* weiter bis kurz vor Goúrri, wo eine neue Straße ins kleine Dorf *Fikárdou (S. 57)* hinaufführt. Das ganze Dorf steht seit 1978 unter Denkmalschutz. In dem Museumsdorf können Sie sehen, wie man auf Zypern noch vor 60 Jahren lebte.

Die Rückfahrt führt dann über *Goúrri* und *Kliroú* wieder abwärts in die Mesaória-Ebene und durch *Káto Deftéra* zurück in die Inselhauptstadt Nicosia.

SPORT & AKTIVITÄTEN

Von Angeln bis Windsurfen

Auf Zypern haben sportbegeisterte Urlauber die Qual der Wahl

Zypern ist ideal für einen sportlichen Urlaub. Das Angebot ist groß – und weil die Insel klein ist und die Straßen gut ausgebaut sind, kann man problemlos alle Möglichkeiten wahrnehmen. Viele liegen aber direkt vor der Tür: Surf- und Wassersportstationen finden Sie vor fast allen großen Hotels sowie am Hafen von Lakkí bei Pólis. Und auf einem der vielen Hoteltennisplätze können Sie auch dann spielen, wenn Sie nicht dort wohnen.

ANGELN

Im Meer darf jeder angeln. Wer jedoch ein Exemplar der 17 Fischarten aus einem der 21 für Angler ganzjährig freigegebenen Stauseen holen will, braucht dafür eine kostenpflichtige Genehmigung. Sie bekommen sie in einem der Büros des *Departments of Fisheries* in Nicosia, Larnaka, Limassol oder Páfos für 3 CYL für einen, 10 CYL für alle Stauseen. *Angling Tours of Cyprus* in Limassol bietet auch Tagestouren für Angler an, bei denen Ausrüstung und Transport im Preis von 29,50 CYL inbegriffen sind

Wassersportangebote gibt es vor fast allen großen Hotels

(nur telefonische Anmeldung, *Tel. 05/322763*).

BIKING

Die vielen Feld- und Forstwege Zyperns sind für Mountainbiker ein endloses Paradies. Stationen, die Bikes vermieten und auch geführte Touren veranstalten, finden Sie in allen bedeutenderen Urlaubsorten. Eine ausgezeichnete deutschsprachige Station gibt es in Pólis, dessen Umgebung ohnehin das schönste Bikeareal ist: *Jalos Activ (Odós Agíu Nikólaou, Tel. 06/65 51 47, Mobiltel. 09/65 51 47, Fax 32 22 31)*. Mountainbikes und Rennräder bietet Thomas Wegmüller in den Hotels *Henipa* in Oróklini bei Lárnaka *(Tel. 04/64 50 01, Fax 64 42 43)* und *Hawai Grand & Resort* bei Limassol an *(S. 41)*.

Mehrmals im Jahr werden auf Zypern internationale Mountainbikerennen veranstaltet, bei denen jeder mitmachen kann. Auskunft: *The Cyprus Cycling Federation (P. O. Box 24572, CY–1301 Lefkosía, Tel. 02/66 33 44, Fax 66 11 50)*, die auch nichtkommerzielle Mountainbiketouren veranstaltet, an denen überwiegend Zyprioten teilnehmen. Gäste sind willkommen.

Insider Tipp

Trainingscamps für Rennradcracks und Mountainbiker bietet *Lifestyle Travel Team (Frundsbergstr. 13, 87700 Memmingen, Tel. 08331/94 42 44, Fax 08331/94 42 35, www.zypernbike.de).*

BUNGEE

Zyperns einziger Bungeekran steht an der Níssi Bay bei Agía Nápa. Der erste Sprung aus 45 m Höhe kostet 30 CYL, der zweite 20 CYL. Für Tandemsprünge zahlt man 50 CYL. Ob der Kran in Betrieb ist *(meist Mai–Okt.)* erfahren Sie bei der Tourist-Information in Agía Nápa.

FLIEGEN

Privatpiloten, die auf ihre Stunden zur Erhaltung der Fluglizenz kommen müssen, können das in Zypern preiswert erledigen. Und wer nur einfach mitfliegen will, wird seine Freude an Rundflügen in niedriger Höhe haben. Auskunft: *Griffon Aviation (P. O. Box 56121, CY–3304 Limassol, Tel. 06/42 23 50, Fax 42 23 60, www.windowsoncyprus.com/flying.htm).* Eine Cessna 150 zum Selberfliegen kostet 55 CYL/Std., ein Mitflug 60 CYL/Std.

Hubschrauberrundflüge werden in Agía Nápa angeboten. Ein 10-minütiger **Rundflug über Agía Nápa** *(Insider Tipp)* kostet 25 CYL, ein 15-minütiger 35 CYL. Der Startplatz liegt im Waterworld-Spaßbad. *Flyworld (Tel. 03/72 55 55, Fax 72 55 56, www.waterworldwaterpark.com).*

GOLF

Die beiden Golfplätze Zyperns gehören zu den besten im Mittelmeerraum. Sie wurden erst in den 1990er-Jahren in stillen Bergtälern angelegt. Der Golfplatz von Tsáda dürfte darüber hinaus der einzige auf der Welt sein, auf dem auch ein noch bewohntes Kloster steht. Beide Plätze haben 18 Löcher, das Par liegt bei 72; der schwierigere ist der *Tsáda Golf Club.* Er liegt 12 km nördlich von Páfos, der *Secret Valley Golf Club* 18 km östlich von Páfos und 49 km westlich von Limassol nahe den Felsen der Aphrodite. Auskunft: *Cyprus Golf Resorts Ltd. (P. O. Box 62085, CY–8062 Páfos, Tel. 06/ 64 27 74, Fax 64 27 76).*

REITEN

Es gibt zwar nicht viele, dafür jedoch sehr gepflegte und professionell geführte Reitställe, die neben Reitunterricht auch Ausritte anbieten. Dazu gehören bei Agía Nápa in

Ausritte führen auch an Strände

SPORT & AKTIVITÄTEN

Kalavassós zwischen Larnaca und Limassol *Cyprus Villages & Traditional Houses Resort (Tel. 04/ 33 29 98, Fax 33 22 95, agrotourism@cytanet.com.cy);* in Limassol *Elias Horse Riding Centre (c/o Elias Beach Hotel & Country Club, Tel. 05/32 50 00, Fax 32 08 80);* in Ágios Geórgios Pegías bei Páfos *Stavlí tis Peyías (Chrisomilias 4, Tel. 09/64 77 90);* in Protarás *Moonshine Ranch (gegenüber dem Grecian Park Hotel, Tel. 04/66 54 08)* und in Skoúlli bei Pólis *Lucky Horse Ranch, Tel. 09/41 32 78, deutschsprachig).*

SEGELN

Da es auf Zypern nur wenige Marinas gibt, die griechischen Inseln weit entfernt sind und die türkischen Häfen aus politischen Gründen von Zpyern aus nicht angelaufen werden dürfen, sind Charter auf Zypern knapp. Fünf Firmen kommen in Frage: *Sail Fascination Shipping Ltd. (P. O. Box 50257, CY–3602 Limassol, Tel. 05/36 42 00, Fax 35 26 57); The Old Salt Yachting Ltd. (P. O. Box 57048, CY–3311 Limassol, Tel. 05/33 76 24, Fax 33 77 68); Navimed Ltd. (P. O. Box 26789, CY–1647 Nicosia, Tel. 02/33 89 50, Fax 33 89 51); Interyachting Ltd. (P. O. Box 54292, CY–3722 Limassol, Tel. 05/ 72 55 33, Fax 72 00 21).*

SKI FAHREN

Zwischen Weihnachten und Mitte März liegt an den Hängen des Olymp auf über 1700 m Höhe oft genügend Schnee, um Ski fahren zu können. Vier Schlepplifte sind dann in Betrieb (150, 150, 350 und 500 m lang, Tagespass 10 CYL, Einzelfahrt 60 c). In der Hütte des *Cyprus Ski Club* können Skier und Schuhe ausgeliehen werden (8 CYL/Tag, auch Langlaufski). Skilehrer geben einen eineinhalbstündigen Einführungsunterricht (9 CYL). *Cyprus Ski Club (P. O. Box 22185, CY–1518 Nicosia, Tel. 02/67 53 40, Fax 66 96 81, http://windowsoncyprus.com/skiing.htm).*

TAUCHEN

Tauchschulen und -stationen finden Sie in allen Badeorten Zyperns. Besonders reizvoll sind Tauchgänge bei Lárnaka, wo die Wracks des 197 m langen Frachters Zenobia und des britischen Kriegsschiffes H.M.S. Cricket auf dem Meeresgrund liegen. Eine Depressionskammer gibt es im Krankenhaus von Lárnaka. Ein vollständiges Verzeichnis aller Tauchschulen bei *Cyprus Federation of Underwater Activities (P. O. Box 21503, CY–1510 Nicosia, Tel. 02/45 46 47).*

WANDERN

Zahlreiche gut markierte Wanderwege und Naturlehrpfade finden Sie vor allem im Tróodos-Gebirge und auf der Akamás-Halbinsel. Sie sind jedoch selten als Rundwege angelegt. Geführte Wanderungen im Tróodos-Gebirge – besonders schön im Frühjahr – bietet das Hotel *Forest Park* in Páno Plátres seinen Gästen *(S. 81).* In Páfos werden deutschsprachig geführte Wanderungen auf der Akamás-Halbinsel angeboten von *Ecologia Tours (Ágios Theódoros Street, Ktíma, Tel. 06/94 88 08, Fax 93 43 32).*

Insider Tipp

MIT KINDERN REISEN

Spaß im Wasser und zu Lande

Aktivitäten für die ganze Familie, bei denen der Spaß der Kleinen ganz groß ist

Zypern ist ein ausgesprochen kinderfreundliches Land. Die Herzlichkeit der Griechen verbindet sich hier mit britischer Sorgfalt. Fast alle Wirte bieten Kinderstühle an, Autovermieter Kindersitze. In Supermärkten ist das Angebot an Babynahrung und Windeln ebenso groß wie bei uns. Abends dürfen Kinder lange aufbleiben; die Zyprioten nehmen selbst die kleinsten auch dann mit zum Essen, wenn sie bis weit nach Mitternacht bleiben. Nur an manchen Hotelbars werden Kinder abends nicht geduldet.

AGÍA NÁPA & LÁRNAKA

Camel Park   [131 E4]
Noch bis zum Zweiten Weltkrieg waren Dromedare auf Zypern ein wichtiges Verkehrsmittel. Jetzt gibt es sie wieder: im Kamelpark bei Mazótos. Wer mag, kann etwa 15-minütige Ausritte unternehmen. *Tgl. ab 9 Uhr, Ritt 4–5 CYL, an der Hauptstraße von Mazótos nach Kíti*

Gokartbahnen
In der Umgebung von Lárnaka gibt es zwei Karting Center, in denen

Kinder gehören auf Zypern überall ganz selbstverständlich mit dazu

Kinder schon ab 9 Jahren mit schwach motorisierten Gokarts ihre Runden drehen dürfen. [131 F3] *Karting Center (tgl. 9–24 Uhr, 30 Min. ab 10 CYL, nordöstlich von Dromoláxia, Zufahrt ausgeschildert an der Küstenstraße Flughafen–Kíti);* [123 E4] *Oroklíni Go Karts (Di–Fr 12–22 Uhr, Sa und So 10–22 Uhr, 15 Min. mit dem Kinderkart 6 CYL, am Dorfrand von Oroklíni)*

Luna Park   [125 E4]
Was den älteren Jugendlichen die Diskos von Agía Nápa sind, ist den Kleineren dort der Luna Park – ein Vergnügungspark mit Kinderkarussells, Autoskooter, Riesenrad und einer Art Bungeesprungturm, hier Bungee Rocker genannt. *Sommer tgl. ab 17 Uhr, im Ortszentrum an der Landstraße nach Lárnaka*

Waterworld   [125 E4]
Zyperns schönstes und größtes Spaßbad liegt am Stadtrand von Agía Nápa. Hier ist Action rund ums Trojanische Pferd angesagt. Aus dem Nachbau des berühmten Gefährts führen Rutschen ins Wasser. Es gibt Wasserpistolen, und aus einem großen Wasserkübel können Unvorsichtige eine nasskalte Überraschung erleben. Die verschiedenen Riesenrut-

99

schen im Park sind bis zu 150 m lang, im Wellenbecken werden bis zu 1 m hohe Wogen erzeugt. Man kann in kleinen, runden Schlauchbooten über den Odysseus River gleiten. Und nebenan startet und landet mehrmals in der Stunde der Hubschrauber von *Flyworld (S. 96)* zu Rundflügen. *April–Okt. tgl. 10 bis 18 Uhr, Erwachsene 12,50 CYL, Kinder (2–12 Jahre) 6,50 CYL, Agía Thékla Road, www.waterworldwaterpark.com*

Insider Tipp

Yellow Submarine [125 E4]

Die Eigner der Yellow Submarine bezeichnen ihr eigenartiges Wasserfahrzeug als Oberflächenunterseeboot. Es sieht aus wie ein riesiges Schlauchboot, unter dem im Wasser die Gondel eines Zeppelins hängt. Darin sitzen die Passagiere und schauen durch große Glasfenster in die Unterwasserwelt. Normalerweise beträgt die Sichtweite etwa 30 m. Bei einem ersten Stopp werden Schnorchel zur Verfügung gestellt, um unter Führung eines Guides in Meeresgrotten zu schwimmen. Bei einem zweiten Stopp steigt dann ein Taucher ins Wasser und lockt mit Futter Fischschwärme an. An Bord gibt es eine Bar. *Touren im Sommerhalbjahr tgl. 11 und 14.30 Uhr, Erwachsene 10 CYL, Kinder unter 12 Jahren frei, im Hafen von Agía Nápa, Tel. 09/ 65 82 80*

LIMASSOL

Wet'n Wild [129 E4]

Auch Limassol hat sein Spaßbad, das ist allerdings um einiges kleiner als das in Agía Nápa. Riesenrutschen sind das Hauptvergnügen. *April–Nov. tgl. 10–18 Uhr, Erwach-*

sene 10 CYL, Kinder (2–12 Jahre) 5 CYL, nahe der Küstenstraße von Limassol nach Amáthus, dort gut ausgeschildert, oder Autobahnabfahrt 23, www.wet-wild.com.cy

NICOSIA

Straußenpark [120 C3]

Europas größte Straußenfarm liegt am Rande des kleinen Dorfes Ágios Ioánnis Maloúntas, 20 Autominuten von Nicosia entfernt. Hier sieht man nicht nur diese Riesenvögel, sondern lernt auch viel über sie. Im Souvenirshop gibt es Straußeneier und -federn und allerlei aus Straußenleder zu kaufen – und wer es über sich bringt, kann auch Straußeneiomeletts und Straußenburger probieren. *Mai–Okt. tgl. 9–20 Uhr, Nov.–Apr. tgl. 9–18 Uhr, Erwachsene 2 CYL, Kinder (2–12 Jahre) 1 CYL, Ostrich Park, an der Straße E 903 von Nicosia nach Palaichóri*

To Trenáki [122 A1]

Für Kinder ist die Inselhauptstadt sicherlich kein sonderlich attraktives Ausflugsziel. Aber es wird ihnen gefallen: die Fahrt mit dem *trenáki,* also »Zügelchen« genannten Minizug auf Gummirädern, der alle 20 Minuten zu kurzen Rundfahrten durch die Altstadt startet. *Abfahrten 10–13 und 15–19 Uhr am Südende der Lídras Steet, Fahrpreis 50 c*

PÁFOS

Aphrodite Waterpark [126 B3]

Auch Páfos-Urlauber können ins Spaßbad gehen. Das 35 000 m^2 große Gartengelände liegt gleich neben dem Strand der Fremdenverkehrszentrale Zypern am Ufer von Geroskípou und wartet wie seine

MIT KINDERN REISEN

größeren Brüder in Agía Nápa und Limassol vor allem mit Riesenrutschen auf. *April–Okt. tgl. 10–18 Uhr, Erwachsene 10 CYL, Kinder (2–12 Jahre) 5 CYL*

Oldtimerbus [126 A3]

Noch vor wenigen Jahren besaß fast jedes Dorf seinen eigenen, äußerst altertümlich wirkenden Bedford-Bus mit dem typischen Dachgepäckträger. Jetzt werden die Oldtimer immer häufiger durch moderne Allerweltsbusse ersetzt. Ein Reisebüro in Páfos hat sich einen alten Bus zugelegt und veranstaltet damit Exkursionen über Staubpisten und Holperstraßen in Richtung Akamás-Halbinsel. Die Reiseleitung spricht Deutsch. *Hercules Travel, am Hafen von Páfos, Tel. 06/91 23 01, Tagestouren ab 25 CYL, Kinder (2–12 Jahre) 12,50 CYL*

Spielzeug- und Puppensammlung [126 B3]

Wenn's doch mal regnet, lohnt ein Gang ins erste Puppenmuseum der Insel. Savvas Thrasvyvolou und seine aus Uruguay stammende Frau Celeste haben die Puppen und das übrige Spielzeug in den letzten 40 Jahren in aller Welt gesammelt und erklären sie auch gern. *Madame Celeste's Museum, tgl. 9–21 Uhr, Eintritt 1,50 CYL, Kinder (2–12 Jahre) 1 CYL, Apostle Paul Street 102*

TRÓODOS

Eselsritte [128 A1]

Auf dem Dorfplatz von Ómodos steht meist ein alter Mann mit Esel, auf dem Kinder gegen ein Trinkgeld (1 CYL reicht) einen kurzen Rundritt um den Dorfplatz unternehmen dürfen.

Besonderes Reitvergnügen

Wildbachwanderung [119 D6] *Insider Tipp*

Eine Wanderung, die garantiert auch sonst eher etwas gefaulen Kindern Spass machen wird, können Sie im Tróodos-Gebirge unternehmen: Sie führt in etwa zweieinhalb bis drei Stunden immer abwärts an einem Wildbach entlang, der etwa 30-mal auf manchmal recht wackligen Trittsteinen überquert werden muss. So mancher holt sich da nasse Socken. Das Bachtal ist urwaldhaft grün, der Wanderweg eher ein schmaler Pfad. Etwa auf halbem Weg wird Zyperns mächtigster Wasserfall passiert, die *Caledonia Falls*. Noch mehr Spaß macht die Wanderung sicher, wenn Sie Papier mitnehmen, Papierschiffchen auf dem Bach aussetzen und ihre rasende Fahrt verfolgen. Am Ende der Wanderung können Sie dann in der *Waldgaststätte Psilo Dendro (S. 81)* einkehren, wo Hühner zwischen den Tischen einherstolzieren und die frischen Forellen besonders gut schmecken. Die Wanderung beginnt unterhalb der Asphaltstraße vom 7 km entfernten Páno Plátres nach Tróodos (dort Wegweiser zu den Caledonian Falls). Busse fahren nicht zum Startpunkt; von Páno Plátres aus müssen Sie sich ein Taxi nehmen (ca. 1,80 CYL). Die Wanderung endet in Páno Plátres.

Angesagt!

Was Sie wissen sollten über Trends, die Szene und Kuriositäten auf Zypern

Stadt im Diskofieber

Das kleine Agía Nápa ist in den letzten beiden Jahren zur Diskometropole des ganzen Mittelmeerraums avanciert. Zwischen Mai und Oktober steuern Heerscharen junger Briten und Skandinavier den Badeort an, um hier nachts zu tanzen und zu flirten und den Tag am Strand zu verschlafen. Agía Nápa hat Ibiza als Partymetropole des sonnigen Südens abgelöst. Star-DJs werden extra für ein Wochenende aus England oder Skandinavien eingeflogen. Auch am Tage muss man auf ihre Hits nicht verzichten: Man schaltet einfach »Napa Radio« auf 90,9 FM ein.

Griechischer Rock

Für eine eigene Rock- und Popszene ist Zypern zu klein, der Markt nicht lohnend genug. Trotzdem hören viele junge Zyprioten inzwischen mindestens ebenso gern griechischen Rock wie internationalen. Ein Dauerstar ist Anna Vryssi. 2001 waren zudem die Gruppen Pix Lax und Xilina Spathia besonders erfolgreich.

Samstags nach Limassol

Während es die ausländische Jugend nach Agía Nápa zieht, bleibt für die jungen Zyprioten Limassol der Ort mit der höchsten Lebensqualität. Hier sind die Häuser am höchsten, die Straßen am breitesten, die Fast-Food-Restaurants am zahlreichsten – hier ist man dem American Way of Life am nächsten. Diskos und Clubs sind darauf eingestellt: Anders als in Agía Nápa wird hier auch viel aktuelle griechische Musik gespielt – freilich Rock und Pop statt Folklore.

Soziale Kontrolle

Auf Zypern kennt fast jeder jeden. Da gibt es für junge, unverheiratete Paare kaum Plätze, an denen sie sich unbeobachtet fühlen können. Vielleicht streben Verliebte deswegen so schnell und gern in den Hafen der Ehe. Versüßt wird ihnen die Hochzeit durch den Geldsegen, den sie mit sich bringt. Man lädt hunderte oder gar tausende von Gästen ein. Die Eltern des Paares zahlen für die Feier, die Brauteltern schenken ein Apartment oder ein Haus – und jeder geladene Gast lässt reichlich Bargeld da.

PRAKTISCHE HINWEISE

Von Anreise bis Zoll

Hier finden Sie kurz gefasst die wichtigsten Adressen und Informationen für Ihre Zypern-Reise

ANREISE

In der Republik Zypern gibt es zwei Zivilflughäfen, Lárnaka und Páfos. Chartermaschinen fliegen von zahlreichen Flughäfen in den deutschsprachigen Ländern aus direkt dorthin; im Linienverkehr wird nur Lárnaka angeflogen. Die Flugdauer Frankfurt a. M. – Lárnaka beträgt etwa 3 Stunden 30 Minuten. Linienflüge kosten ab ca. 500 Euro, Charterflüge ab ca. 330 Euro.

Direkte Fährverbindungen von Italien aus gibt es nicht. Man muss immer zunächst nach Patras auf dem Peloponnes übersetzen, um dann eine Fähre von Piräus nach Limassol zu nehmen. Von Piräus nach Limassol dauert die Überfahrt etwa 38 bis 44 Stunden. Auskunft in Reisebüros und im Internet: *www.viamare.com* oder *www.euro nautic.de*

AUSKUNFT

Fremdenverkehrszentrale Zypern
– Hauptwache 7,
60313 Frankfurt,
Tel. 069/251919, Fax 25 02 88
– Parkring 20, 1010 Wien,
Tel. 01/513 18 70, Fax 513 18 72
– Gottfried-Keller-Strasse 7,
8001 Zürich, Tel. 01/2 62 33 03,
Fax 251 24 17

AUTO

Autos dürfen für maximal drei Monate zoll- und steuerfrei eingeführt werden; eine Verlängerung dieser Frist kann in Nicosia im Zollamt beantragt werden. Die grüne Versicherungskarte muss für Zypern gültig geschrieben sein.

In Zypern wird links gefahren. Vorfahrt hat, wer von rechts kommt. Geschwindigkeitsbegrenzung in Ortschaften 50 km/h, auf Landstraßen 80 km/h, auf Autobahnen 100 km/h. Promillegrenze 0,9.

BANKEN

Alle Banken sind montags bis freitags von 8.30 bis 12 Uhr geöffnet und die Bankschalter an den Flughäfen von Lárnaka und Páfos bei jeder Auslandsankunft. In den Großstädten und touristischen Zentren haben einige Banken auch nachmittags von 16 bis 18 Uhr (Mai–Sept.) oder von 15.30 bis 17.30 (Okt. bis April) geöffnet.

CAMPING

Es gibt sieben Campingplätze auf Zypern: in Agía Nápa (März–Okt.), Geroskípou (April–Okt.), Governor's Beach (ganzjährig), Lárnaka (Juni–Okt.), Páfos (ganzjährig), Pólis (März bis Okt.) und Tróodos

103

(Mai–Okt.). Sie kosten zwischen 1,25 und 1,50 CYL pro Tag, Zelt und Person.

Wildes Zelten ist offiziell verboten, wird im Sommer jedoch viel praktiziert, auch von Einheimischen Urlaubern.

DIPLOMATISCHE VERTRETUNG

Botschaft der Bundesrepublik Deutschland
Nikitaras Street 10, Nicosia, Tel. 02/66 43 62, Fax 66 56 94

Botschaft der Schweiz
Th. Thervi Street 46, Nicosia, Tel. 02/76 62 61, Fax 76 60 08

Konsulat der Republik Österreich
Praxippou Street 3, Nicosia, Tel. 02/46 42 39, Fax 46 45 28

EINREISE

EU-Bürger und Schweizer benötigen für die Einreise in die Republik Zypern nur einen gültigen Personalausweis. Für Kinder unter 16 Jahren ist ein Kinderausweis oder ein Eintrag im Pass der Eltern erforderlich. Für die Einreise in den türkisch besetzten Teil ist der Reisepass nötig.

FKK

Nacktbaden ist in Zypern streng untersagt und wird auch nirgends praktiziert. Topless sieht man jedoch viele Frauen.

FOTOGRAFIEREN & FILMEN

Foto- und Filmaufnahmen in den archäologischen Stätten sind kostenlos erlaubt. Für Aufnahmen in

www.marcopolo.de

Das Reiseweb mit Insider-Tipps

Mit Informationen zu mehr als 4 000 Reisezielen ist MARCO POLO auch im Internet vertreten. Sie wollen nach Paris, in die Dominikanische Republik oder ins australische Outback? Per Mausklick erfahren Sie unter www.marcopolo.de das Wissenswerte über Ihr Reiseziel. Zusätzlich zu den Reiseführerinfos finden Sie online:

- täglich aktuelle Reisenews und interessante Reportagen
- regelmäßig Themenspecials und Gewinnspiele
- Miniguides zum Ausdrucken

Gestalten Sie MARCO POLO im Web mit: Verraten Sie uns Ihren persönlichen Insider-Tipp, und erfahren Sie, was andere Leser vor Ort erlebt haben. Und: Ihre Lieblingstipps können Sie in Ihrem MARCO POLO Notizbuch sammeln. Entdecken Sie die Welt mit www.marcopolo.de! Holen Sie sich die neuesten Informationen, und haben Sie noch mehr Spaß am Reisen!

PRAKTISCHE HINWEISE

den staatlichen Museen muss man die Erlaubnis im Voraus schriftlich beantragen. Das Fotografieren und Filmen von militärischen Anlagen, also auch der Green Line in Nicosia, ist streng untersagt. Filme sind in Zypern teurer als bei uns.

€	CYL	CYL	€
1	0,57	1	1,75
2	1,15	2	3,50
3	1,72	3	5,24
4	2,30	4	6,99
5	2,87	5	8,74
7	4,02	7	12,23
8	4,60	8	13,98
9	5,17	9	15,73
10	5,74	10	17,48

GESUNDHEIT

Die ärztliche Versorgung ist gut. Viele Ärzte haben in Großbritannien oder Deutschland studiert und sprechen Englisch oder Deutsch.

Zwischen den deutschsprachigen Ländern und Zypern besteht kein Sozialversicherungsabkommen. Ärztliche Behandlung und Arzneimittel müssen in Zypern bar bezahlt werden. Darum ist dringend zum Abschluss einer Auslandskrankenversicherung im Heimatland zu raten.

INTERNET

Obwohl Internetanschlüsse schon weit verbreitet sind, gibt es bisher nur wenige gute zypriotische Websites. *www.cyprustourism.org:* Die offizielle Website der Fremdenverkehrszentrale Zypern ist für Urlauber interessant, englischsprachig, aber leider miserabel!

www.cyprus-mail.com: täglich außer montags die neuesten Nachrichten aus Zypern (auf Englisch) und die Möglichkeit, im Archiv zu stöbern. Exzellent! *www.kypros. org:* eine Vielzahl von Links vor allem zu offiziellen Institutionen, aktuelle Wetterinformationen. Englischsprachig. Sehr gut! *www.win dowsoncyprus.com:* die beste kommerzielle Website der Insel, wenn es um Auskünfte für Urlauber geht. Aktuelle Wechselkurse. Kommer-

ziell angelegt, nur bezahlte Infos. Dennoch nützlich!

INTERNETCAFÉS

Internetcafés verbreiten sich auf Zypern nur langsam. Eine Auswahl:
– *Virtuality Bowling, Agía Nápa, am Klosterplatz, Eleftheria Street 2*
– *Kafodeion, Lárnaka, Kleánthi Kalogerá Street 14 (Laikí Gitoniá)*
– *Surf Café, Páfos, Ktíma, Gladstone Street 1*

JUGENDHERBERGEN

Zyperns Jugendherbergen sind sehr einfach. Ausländer benötigen einen Internationalen Jugendherbergsausweis. Jugendherbergen gibt es in Lárnaka, Nicosia, Páfos, Stavrós tis Psókas und Tróodos.

MIETFAHRZEUGE

Autos, Mopeds und Motorräder werden in allen touristischen Zentren vermietet. Autos sind in den Sommermonaten häufig knapp, es empfiehlt sich deshalb, einen Wagen reservieren zu lassen. Zum Anmieten eines Fahrzeugs genügt der nationale Führerschein. Ein Kleinwagen kostet je nach Saison 10 bis

Das griechische Alphabet mit Umschrift

A	α	a	H	η	i	N	ν	n	T	τ	t
B	β	v, w	Θ	ϑ	th	Ξ	ξ	ks, x	Y	υ	i, y
Γ	γ	g, y	I	ι	i, j	O	o	o	Φ	φ	f
Δ	δ	d	K	κ	k	Π	π	p	X	χ	ch
E	ε	e	Λ	λ	l	P	ρ	r	Ψ	ψ	ps
Z	ζ	s, z	M	μ	m	Σ	σ, ς, ss		Ω	ω	o

15 CYL pro Tag ohne Kilometerbegrenzung, Mopeds ab 4 CYL pro Tag, Fahrräder ab 2 CYL pro Tag.

NOTRUF

Polizei, Feuerwehr, Krankenwagen: *Tel. 199*

ÖFFENTLICHE VERKEHRSMITTEL

Das preiswerteste Verkehrsmittel ist der Linienbus. Busse verbinden alle Städte untereinander. Die meisten Dörfer sind per Bus nur schlecht zu erreichen, da die Busse meist morgens aus den Dörfern in die Städte fahren und am Nachmittag zurück. Eine Alternative dazu sind Sammeltaxis (Service Taxis) mit zumeist sieben Sitzplätzen, die auf den gleichen Strecken fahren wie die Busse. Man bestellt telefonisch einen Platz und wird dann an jeder beliebigen Adresse im Abfahrtsort abgeholt und an jede beliebige Adresse am Zielort gebracht. Busse und Sammeltaxis fahren nur tagsüber; Busse nur werktags und Sammeltaxis sonntags nur mit stark eingeschränkter Kapazität.

Individualtaxis gibt es in allen Städten und touristischen Zentren sowie in vielen Dörfern. Sie sind mit Taxameter ausgestattet. Zwischen 6 und 20.30 Uhr zahlt man 22 c/km, zwischen 20.30 und 6 Uhr 26 c/km, für Gepäckstücke über 12 kg 22 c.

Hier ein Preisbeispiel: Für die Fahrt von Lárnaka nach Nicosia (50 km) zahlt man mit dem Linienbus 1,50 CYL, mit dem Sammeltaxi 2,50 CYL und mit dem Individualtaxi 13 CYL (zwischen 23 und 6 Uhr 15 CYL).

POST

Die Postämter sind werktags von 7.30 bis 13 Uhr, samstags aber nur bis 12 Uhr geöffnet; die Hauptpostämter von Nicosia, Lárnaka, Limassol und Páfos außerdem montags bis freitags 16 bis 18 Uhr.

PREISE & WÄHRUNG

Zypriotische Währungseinheit ist die Lira, auch Pound genannt (abgekürzt CYL). Eine Lira hat 100 Cents (c). Im Umlauf sind Banknoten im Wert von 1, 5, 10 und 20 CYL sowie 50 c und Münzen im Wert von 1, 2, 5, 10, 20 und 50 c. CYL dürfen unbeschränkt eingeführt werden. Reisechecks werden

PRAKTISCHE HINWEISE

von allen Banken eingelöst. Kreditkarten sind weit verbreitet.

Das Preisniveau entspricht dem in Deutschland oder Österreich; nur Benzin ist spürbar billiger.

REISEZEIT

Zypern ist ein Reiseziel das ganze Jahr hindurch, auch wenn zwischen Dezember und April nur Hartgesottene im Meer baden. Viele gute Hotels haben Hallenbäder. Ski fahren kann man auf dem Olymp meist zwischen Weihnachten und Mitte März. Die eigene Ausrüstung mitzubringen, lohnt aber wegen der wenigen und kurzen Pisten nicht – man kann sie vor Ort leihen. Für Naturliebhaber sind die Monate April und Mai wegen der Blütenpracht besonders schön.

STROM

220/240 Volt Wechselstrom. Deutsche Stecker passen nicht; an den meisten Hotelrezeptionen werden jedoch Adapter ausgeliehen.

TELEFON & HANDY

Ab 1. Juni 2002 sind alle Telefonnummern achtstellig. Die Vorwahl wird Teil der Rufnummer, dabei wird die erste 0 durch eine 2 ersetzt (bei Mobiltelefonnummern durch eine 9). Telefonieren können Sie von Kartentelefonzellen und den Büros der Telefongesellschaft CTO sowie von Hotels aus. Telefonkarten sind an Kiosken, in vielen Geschäften und bei CTO erhältlich.

Vorwahlen: *Deutschland 0049*
Österreich 0043
Schweiz 0041
Zypern 00357.

Mobiltelefone sind weit verbreitet. Die Flächendeckung ist gut. In Zypern können Sie mit Mobiltelefonen der Netzbetreiber D1, D2 sowie E-Plus telefonieren. Viag-Intercom-Kunden sollten sich wegen näherer Einzelheiten an ihren Netzbetreiber wenden. Auskunft über die Tarife gibt Ihr Provider.

TRINKGELD

In den Rechnungen von Hotels und Restaurants ist bereits ein zehnprozentiges Bedienungsgeld enthalten. Wenn Sie zufrieden waren, freut man sich über ein zusätzliches fünf- bis zehnprozentiges Trinkgeld.

TRINKWASSER

Leitungswasser kann in allen Orten bedenkenlos getrunken werden, ist in den Großstädten aber nicht sonderlich schmackhaft.

Was kostet wie viel?

Taxi	**22 c/26 c** pro Kilometer tags/nachts
Mokka	**3 c–1,20 CYL** für ein Tässchen
Wasser	**50–90 c** für eine Flasche Wasser
Wein	**ab 3 CYL** für eine Flasche im Restaurant
Benzin	**ca. 45 c** für einen Liter Super
Briefmarke	**25 c + 1 c** für eine Postkarte ins Ausland

ZEITUNGEN, FUNK & TV

Deutschsprachige Zeitungen und Zeitschriften bekommen Sie in den Städten und touristischen Zentren mit ein- bis zweitägiger Verspätung. In Zypern erscheinen die englischsprachige Tageszeitung »Cyprus Mail« und die Wochenzeitung »Cyprus Weekly«. Der zypriotische Rundfunk sendet in seinem Zweiten Programm täglich außer sonntags von 8 bis 8.30 Uhr die deutschsprachige Informationssendung »Welcome to Cyprus« (603 kHz, 498 m, VHF und UKW 94,8 MHz).

ZEITUNTERSCHIED

In Zypern gilt Osteuropäische Zeit (MEZ plus eine Stunde). Da in Zypern die gleiche Sommerzeitregelung gilt wie bei uns, ist es dort ganzjährig eine Stunde später.

ZOLL

Volljährige Urlauber dürfen bei der Einreise nach Zypern pro Person 200 Zigaretten oder 250 g Tabak sowie 1 l Spirituosen einführen.

In die deutschsprachigen Länder dürfen mitgebracht werden: 2 l Wein und 1 l Spirituosen sowie 200 Zigaretten beziehungsweise 250 g Tabak. Nach Deutschland darf der Wert weiterer Mitbringsel umgerechnet 180 Euro nicht überschreiten; in die Schweiz umgerechnet nicht mehr als 100 sfr. Dutyfreeshops gibt es an beiden zypriotischen Flughäfen. Sie sind bis zum EU-Beitritt Zyperns nicht von Schließung bedroht.

Wetter in Nicosia

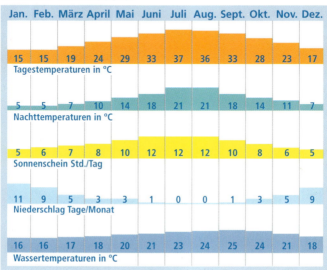

SPRACHFÜHRER GRIECHISCH

Milás elliniká?

»Sprichst du Griechisch?«
Dieser Sprachführer hilft Ihnen, die wichtigsten Wörter und Sätze auf Griechisch zu sagen

> Zur Erleichterung der Aussprache sind alle griechischen Wörter mit einer einfachen Aussprache (in der mittleren Spalte) versehen.
> Folgende Zeichen sind Sonderzeichen:
> ´   die nachfolgende Silbe wird betont
> ð   wie englisches »th« in »the«, mit der Zungenspitze hinter den Zähnen
> θ   wie englisches »th« in »think«, mit der Zungenspitze zwischen den Zähnen

AUF EINEN BLICK

Ja./Nein.	nä./'ochi.	Ναι./Όχι.
Vielleicht.	'issos.	Ίσως.
Bitte.	paraka 'lo.	Παρακαλώ.
Danke.	äfchari'sto.	Ευχαριστώ.
Entschuldigung!	si'gnomi!	Συγνώμη!
Wie bitte?	o'ristä?	Ορίστε;
Ich verstehe Sie nicht.	ðä sass katala'wäno.	Δε σας καταλαβαίνω.
Bitte, wiederholen Sie es.	na to ksana'pite, paraka'lo.	Νά το ξαναπείτε, παρακαλώ.
Ich spreche nur wenig …	mi'lo 'mono liga …	Μιλώ μόνο λίγα …
Können Sie mir bitte helfen?	bo'ritä na mä woi'θisätä paraka'lo?	Μπορείτε να με βοηθήσετε, παρακαλώ;
Ich möchte …	'θälo …	θέλω …
Das gefällt mir nicht.	af'to ðän mu a'rässi.	Αυτό δεν μου αρέσει.
Haben Sie …?	'ächätä …	Έχετε …;
Wie viel kostet es?	'posso ko'stisi?	Πόσο κοστίζει;
Wie viel Uhr ist es?	ti 'ora 'inä?	Τι ώρα είναι;
Heute/Morgen	'simära/'awrio	Σήμερα/Αύριο

KENNENLERNEN

Guten Morgen!	kali'mära!	Καλημέρα!
Guten Tag!	kali'mära!/'chärätä!	Καλημέρα/Χαίρετε!
Guten Abend!	kali'spära!	Καλησπέρα!

109

Hallo! Grüß dich!	'jassu!	Γειά σου!
Wie geht es Ihnen/dir?	'poss 'istä?/'issä?	Πώς είστε;/είσαι
Danke. Und Ihnen/dir?	äfchari'sto. äs'sis/äs'si?	Ευχαριστώ. Εσείς/εσύ;?
Auf Wiedersehen!	a'dio!	Αντίο!
Tschüss!	'jassu!	Γειά σου!

UNTERWEGS

Auskunft

links/rechts	aristä'ra/ðäks'ja	Αριστερά/Δεξιά
geradeaus	ef'θia	Ευθεία
nah/weit	ko'nda/makri'a	Κοντά/Μακριά
Wie weit ist es zum/zur ...?	'posso makri'a 'inä ja ...?	Πόσο μακριά είναι για ...;
Ich möchte ... mieten.	'θälo na ni'kjasso ...	Θέλω να νοικιάσω ...
... ein Auto ...	'äna afto 'kinito	... ένα αυτοκίνητο
... ein Fahrrad ...	'äna po'ðilato	... ένα ποδήλατο
... ein Boot ...	'mia 'warka	... μια βάρκα
Bitte, wo ist ...?	paraka'lo, 'pu 'inä ...?	Παρακαλώ, πού είναι ...;

Panne

Ich habe eine Panne.	'äpaθa zim'ja.	Έπαθα ζημειά
Würden Sie mir bitte einen Abschlepp- wagen schicken?	θa bo'russatä na mu 'stilätä 'äna 'ochima ri'mulkissis?	Θα μπορούσατε να μου στείλετε ένα όχημα ρυμούλκησης;
Wo ist hier in der Nähe eine Werkstatt?	'pu i'parchi ä'ðo kon'da 'äna sinär'jio?	Πού υπάρχει εδώ κοντά ένα συνεργείο;

Tankstelle

Wo ist bitte die nächste Tankstelle?	'pu 'inä, sass paraka'lo, to e'pomäno wensi- 'naðiko?	Πού είναι, σας παρακαλώ, το επόμενο βενζινάδικο;
Ich möchte ... Liter ...	'θälo ... 'litra ...	Θέλω ... λίτρα ...
... Normalbenzin.	ap'li wän'sini.	... απλή βενζίνη.
... Super./Diesel.	'supär.'/'disäl.	... Σούπερ./Ντήζελ.
... bleifrei/verbleit.	a'moliwði/mä'moliwðo.	... αμόλυβδη/με μόλυβδο.
... mit ... Oktan.	mä ... o'ktanja.	με ... οκτανια.
Voll tanken, bitte.	jä'mistä, paraka'lo.	Γεμίστε, παρακαλώ.

Unfall

Hilfe!	wo'iθja!	Βοήθεια!
Achtung!/Vorsicht!	prosso'chi!	προσοχή!
Rufen Sie bitte schnell ...	ka'lästä, paraka'lo, 'grigora ...	Καλέστε, παρακαλώ, γρήγορα ...
... einen Krankenwagen.	'äna asθäno'foro.	... ένα ασθενοφόρο.

SPRACHFÜHRER GRIECHISCH

Deutsch	Lautschrift	Griechisch
… die Polizei.	tin astino'mia.	… την αστυνομία.
… die Feuerwehr.	tim piroswästi'ki ipirä'sia.	… την πυροσβεστικη υπηρεσια.
Geben Sie mir bitte Ihren Namen und Ihre Anschrift.	'pästä mu paraka'lo to 'onoma kä ti ðiäfθin'si sass.	Πέστε μου παρακαλώ το όνομα και τη διευθυνσή σας.

ESSEN/UNTERHALTUNG

Wo gibt es hier ein gutes Restaurant?	pu i'parchi ä'ðo 'äna ka'lo ästia'torio?	Πού υπάρχει εδώ ενα καλό εστιατόριο;
Gibt es hier eine gemütliche Taverne?	i'parchi ä'ðo ta'wärna mä 'anäti at'mosfära?	Υπάρχει εδώ ταβέρνα με ανετη ατμόσφαιρα;
Reservieren Sie uns bitte für heute Abend einen Tisch für vier Personen.	kra'tistä mas paraka'lo ja 'simera to'wraði 'äna tra'päsi ja 'tässära 'atoma.	Κρατήστε μας παρακαλώ για σήμερα το βράδυ ένα τραπέζι για 4 άτομα.
Bezahlen, bitte.	paraka'lo, na pli'rosso.	Παρακαλώ, να πληρώσω.
Das Essen war ausgezeichnet.	to faji'to 'itan äksäräti'ko.	Το φαγητό ήταν εξαιρετικό.
Messer	ma'chäri	Μαχαίρι
Gabel	pi'runi	Πηρούνι
Löffel	ku'tali	Κουτάλι
Teelöffel	kuta'lakki	Κουταλάκι

EINKAUFEN

Wo finde ich …?	pu θa wro …?	Πού θα βρω …;
Apotheke	to farma'kio	το φαρμακείο
Bäckerei	to artopo'lio	το αρτοπωλείο
Fotoartikel	ta fotografi'ka 'iði	τα φωτογραφικά είδη
Kaufhaus	to polika'tastima	το πολυκατάστημα
Lebensmittelgeschäft	to ka'tastima tro'fimon	το κατάστημα τροφίμων
Markt	i ajo'ra	η αγορά

ÜBERNACHTUNG

Können Sie mir bitte … empfehlen?	bo'ritä paraka'lo na mu si'stissätä	Μπορείτε παρακαλώ να μου συστήσετε …
… ein Hotel …	'äna ksänoðo'chio?	… ένα ξενοδοχείο;
… eine Pension …	'mia pan'sjon?	… μια πανσιόν;
Ich habe bei Ihnen ein Zimmer reserviert.	'äðo sä sas 'äklissa 'äna ðo'matjo.	Εδώ σε σας έκλεισα ένα δωμάτιο.

111

Haben Sie noch Zimmer frei?	'ächätä a'kommi ðo'matja ä'läfθära?	Έχετε ακόμη δωμάτια ελεύθερα;
... für eine Nacht?	ja mja 'nichta?	... για μια νύχτα
... für eine Woche?	ja mja wðo'maða?	... για μια βδομάδα
Was kostet das Zimmer mit ...	'posso ko'stisi to ðo'matjo mä	Πόσο κοστίζει το δωμάτιο με ...
... Frühstück?	proi'no?	... πρωινό;
... Halbpension?	'mäna 'jäwma?	... μ'ένα γεύμα;

PRAKTISCHE INFORMATIONEN

Arzt

| Können Sie mir einen guten Arzt empfehlen? | bo'ritä na mu siss'tissätä 'änan ka'lo ja'tro? | Μπορείτε να μου συστήσετε έναν καλό γιατρό; |
| Ich habe hier Schmerzen. | ä'ðo 'ächo 'ponnus. | Εδώ έχω πόνους. |

Post

Was kostet ...	'posso ko'stisi ...	Πόσο κοστίζει ...
... ein Brief ...	'äna 'gramma	... ένα γράμμα
... eine Postkarte ...	mja 'karta	... μια κάρτα ...
... nach Deutschland?	ja ti järma'nia?	... για τη Γερμανία;
Österreich/Schweiz	Afs'tria/Elwe'tia	Αυστρία/Ελβετία

ZAHLEN

0	mi'ðän	μηδέν	20	'ikossi	είκοσι
1	'äna	ένα	21	'ikossi 'äna	είκοσι ένα
2	'ðio	δύο	22	'ikossi'ðio	είκοσι δύο
3	'tria	τρία	30	tri'anda	τριάντα
4	'tässära	τέσσερα	40	sa'randa	σαράντα
5	'pändä	πέντε	50	pä'ninda	πενήντα
6	'äksi	έξι	60	ä'ksinda	εξήντα
7	ä'fta	εφτά	70	äwðo'minda	εβδομήντα
8	o'chto	οχτώ	80	og'ðonda	ογδόντα
9	ä'näa	εννέα	90	änä'ninda	ενενήντα
10	'ðäka	δέκα	100	äka'to	εκατό
11	'ändäka	έντεκα	200	ðia'kosja	διακόσια
12	'ðÔðäka	δώδεκα	1000	'chilia	χίλια
13	ðäka'tria	δεκατρία	2000	'ðio chi'ljaðäs	δύο χιλιάδες
14	ðäka'tässära	δεκατέσσερα	10000	'ðäka chi'ljaðäs	δέκα χιλιάδες
15	ðäka'pändä	δεκαπέντε			
16	ðäka'äksi	δεκαέξι	1/2	to 'äna 'ðäftäro	(το) ένα δεύτερο
17	ðäkaä'fta	δεκαεφτά			
18	ðäkao'chto	δεκαοχτώ	1/4	to 'äna 'tätarto	(το) ένα τέταρτο
19	ðäkaä'näa	δεκαεννέα			

REISEATLAS

Reiseatlas Zypern

Die Seiteneinteilung für den Reiseatlas finden Sie auf dem hinteren Umschlag dieses Reiseführers

Mit freundlicher Unterstützung von

kein urlaub ohne holiday autos

www.holidayautos.com

Anzeige

total relaxed in den urlaub: einsteiger-übung

1. lehnen sie sich ganz entspannt zurück und gleiten sie in gedanken zu den cleveren angeboten von holiday autos. stellen sie sich vor, als weltgrösster vermittler von ferienmietwagen bietet ihnen holiday autos
   - mietwagen in über 80 urlaubsländern
   - zu äusserst attraktiven preisen

2. vergessen sie jetzt die üblichen zuschläge und überraschungen. dank
   - alles inklusive tarife und
   - wegfall der selbstbeteiligung

   steht ihr endpreis bei holiday autos von anfang an fest.

3. nehmen sie ganz ruhig den hörer, wählen sie **0180 5 17 91 91 (24pf/min)**, surfen sie zu **www.holidayautos.com** oder fragen sie in ihrem reisebüro nach den topangeboten von holiday autos!

kein urlaub ohne
holiday autos

114

KARTENLEGENDE REISEATLAS

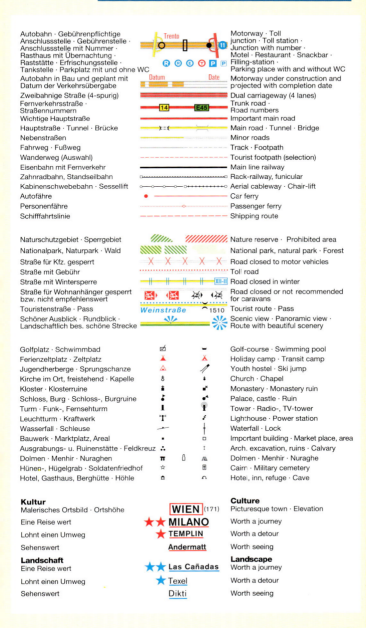

Autobahn · Gebührenpflichtige Anschlussstelle · Gebührenstelle · Anschlussstelle mit Nummer · Rasthaus mit Übernachtung · Raststätte · Erfrischungsstelle · Tankstelle · Parkplatz mit und ohne WC		Motorway · Toll junction · Toll station · Junction with number · Motel · Restaurant · Snackbar · Filling-station · Parking place with and without WC
Autobahn in Bau und geplant mit Datum der Verkehrsübergabe		Motorway under construction and projected with completion date
Zweibahnige Straße (4-spurig)		Dual carriageway (4 lanes)
Fernverkehrsstraße · Straßennummern		Trunk road · Road numbers
Wichtige Hauptstraße		Important main road
Hauptstraße · Tunnel · Brücke		Main road · Tunnel · Bridge
Nebenstraßen		Minor roads
Fahrweg · Fußweg		Track · Footpath
Wanderweg (Auswahl)		Tourist footpath (selection)
Eisenbahn mit Fernverkehr		Main line railway
Zahnradbahn, Standseilbahn		Rack-railway, funicular
Kabinenschwebebahn · Sessellift		Aerial cableway · Chair-lift
Autofähre		Car ferry
Personenfähre		Passenger ferry
Schifffahrtslinie		Shipping route
Naturschutzgebiet · Sperrgebiet		Nature reserve · Prohibited area
Nationalpark, Naturpark · Wald		National park, natural park · Forest
Straße für Kfz. gesperrt		Road closed to motor vehicles
Straße mit Gebühr		Toll road
Straße mit Wintersperre		Road closed in winter
Straße für Wohnanhänger gesperrt bzw. nicht empfehlenswert		Road closed or not recommended for caravans
Touristenstraße · Pass		Tourist route · Pass
Schöner Ausblick · Rundblick · Landschaftlich bes. schöne Strecke		Scenic view · Panoramic view · Route with beautiful scenery
Golfplatz · Schwimmbad		Golf-course · Swimming pool
Ferienzeltplatz · Zeltplatz		Holiday camp · Transit camp
Jugendherberge · Sprungschanze		Youth hostel · Ski jump
Kirche im Ort, freistehend · Kapelle		Church · Chapel
Kloster · Klosterruine		Monastery · Monastery ruin
Schloss, Burg · Schloss-, Burgruine		Palace, castle · Ruin
Turm · Funk-, Fernsehturm		Tower · Radio-, TV-tower
Leuchtturm · Kraftwerk		Lighthouse · Power station
Wasserfall · Schleuse		Waterfall · Lock
Bauwerk · Marktplatz, Areal		Important building · Market place, area
Ausgrabungs- u. Ruinenstätte · Feldkreuz		Arch. excavation, ruins · Calvary
Dolmen · Menhir · Nuraghen		Dolmen · Menhir · Nuraghe
Hünen-, Hügelgrab · Soldatenfriedhof		Cairn · Military cemetery
Hotel, Gasthaus, Berghütte · Höhle		Hotel, inn, refuge · Cave

Kultur / **Culture**
Malerisches Ortsbild · Ortshöhe / Picturesque town · Elevation
Eine Reise wert / Worth a journey
Lohnt einen Umweg / Worth a detour
Sehenswert / Worth seeing

Landschaft / **Landscape**
Eine Reise wert / Worth a journey
Lohnt einen Umweg / Worth a detour
Sehenswert / Worth seeing

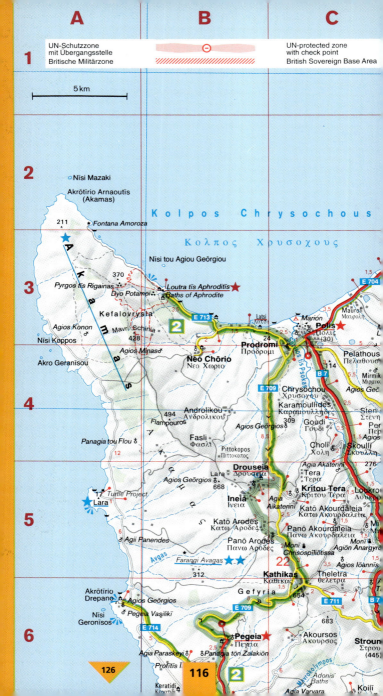

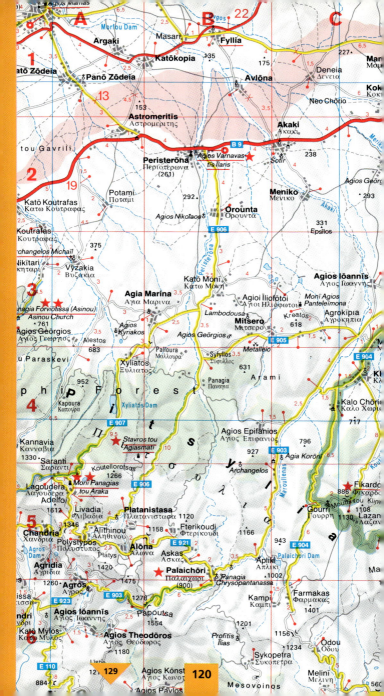

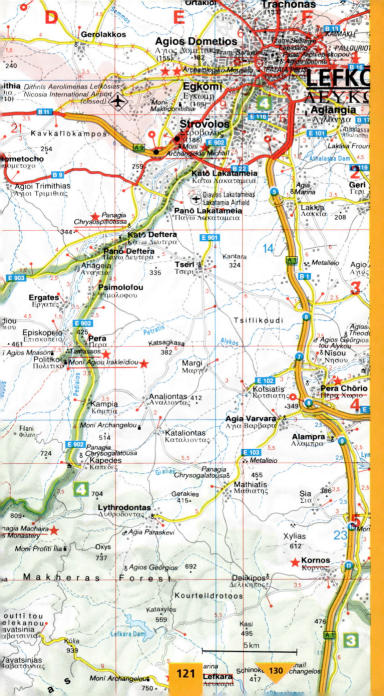

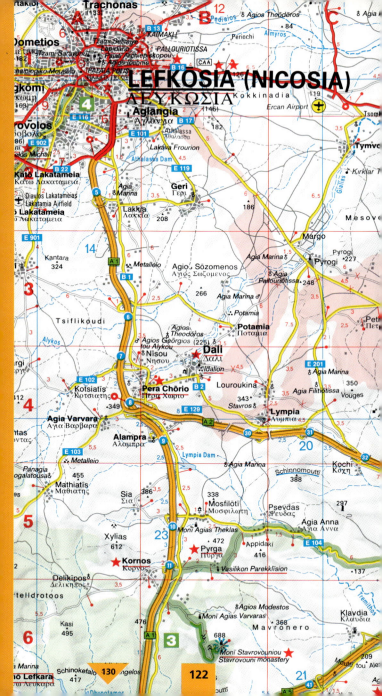

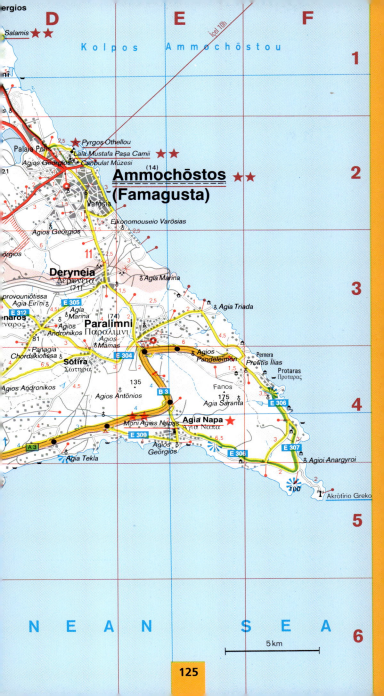

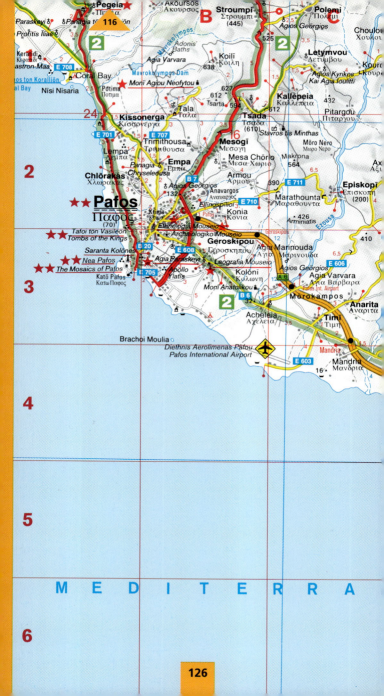

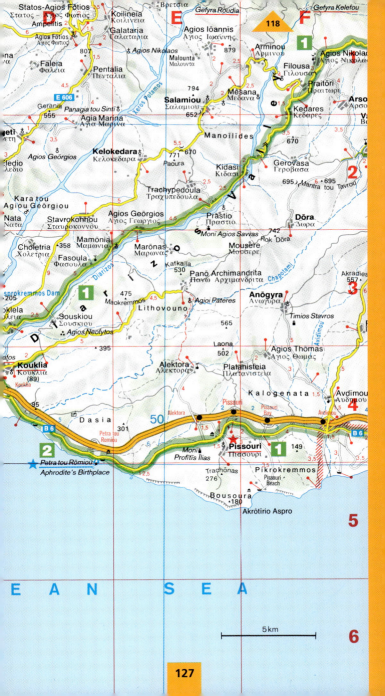

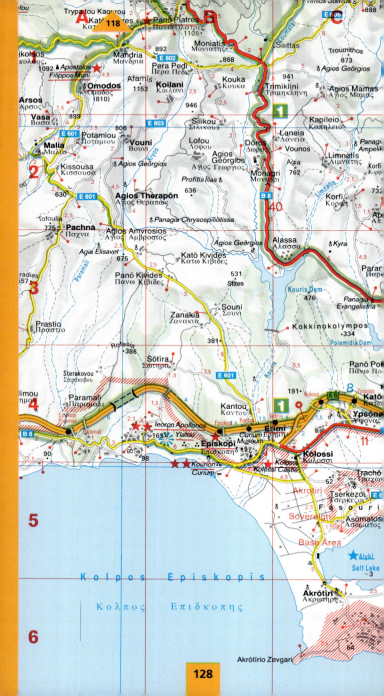

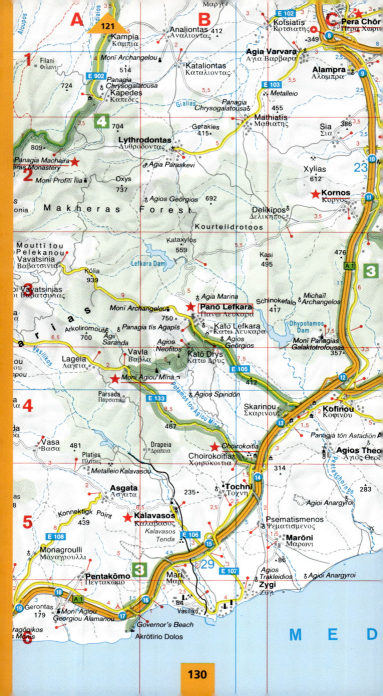

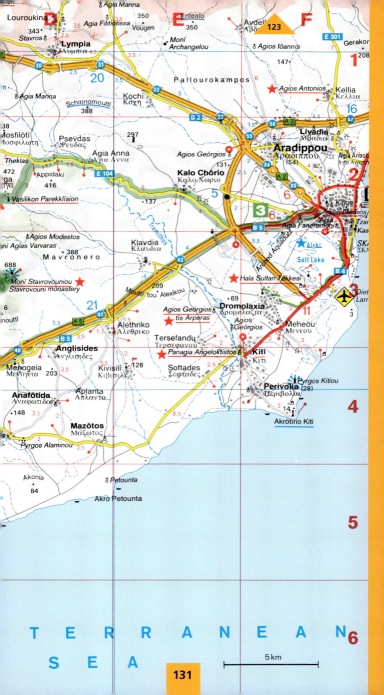

Anzeige

total relaxed in den urlaub: übung für fortgeschrittene

1. schliessen sie die augen und denken sie intensiv an das wunderbare wort „alles inklusive preise". stellen sie sich viele extras vor, die bei holiday autos alle im preis inbegriffen sind:

   - unbegrenzte kilometer
   - haftpflichtversicherung
   - vollkaskoversicherung
   - kfz-diebstahlversicherung
   - alle lokalen steuern
   - flughafenbereitstellung
   - flughafengebühren

2. atmen sie tief ein und lassen sie vor ihrem inneren auge die zahlreichen auszeichnungen vorbeiziehen, die holiday autos in den letzten jahren erhalten hat. sie buchen ja nicht irgendwo.

3. nehmen sie ganz ruhig den hörer, wählen sie **0180 5 17 91 91** (24pf/min), surfen sie zu **www.holidayautos.com** oder fragen sie in ihrem reisebüro nach den topangeboten von holiday autos!

|132

MARCO POLO

Für Ihre nächste Reise gibt es folgende Titel:

Deutschland
Allgäu
Amrum/Föhr
Bayerischer Wald
Berlin
Bodensee
Chiemgau/
  Berchtesgaden
Dresden
Düsseldorf
Eifel
Erzgebirge/
  Vogtland
Franken
Frankfurt
Hamburg
Harz
Heidelberg
Köln
Leipzig
Lüneburger Heide
Mark Brandenburg
Mecklenburger
  Seenplatte
Mosel
München
Nordseeküste:
  Niedersachsen
  mit Helgoland
Nordseeküste:
  Schleswig-Holst.
Oberbayern
Ostfries. Inseln
Ostseeküste:
  Mecklenburg-
  Vorpommern
Ostseeküste:
  Schleswig-Holst.
Pfalz
Potsdam
Rügen
Schwarzwald
Spreewald/Lausitz
Sylt
Thüringen
Usedom
Weimar
Die besten Weine
  in Deutschland
Die tollsten
  Musicals in
  Deutschland

Frankreich
Bretagne
Burgund
Côte d'Azur
Disneyland Paris
Elsass
Frankreich
Frz. Atlantikküste
Korsika
Languedoc-
  Roussillon
Loire-Tal
Normandie
Paris
Provence

Italien Malta
Capri
Dolomiten
Elba
Emilia-Romagna
Florenz
Gardasee
Golf von Neapel
Ischia
Italien Festland
Italien Nord
Italien Süd
Ital. Adria
Ital. Riviera
Mailand/
  Lombardei
Malta
Oberital. Seen
Piemont/Turin
Rom
Sardinien
Sizilien
Südtirol
Toskana
Umbrien
Venedig
Venetien/Friaul

Spanien Portugal
Algarve
Andalusien
Azoren
Barcelona
Costa Blanca
Costa Brava
Costa del Sol/
  Granada
Fuerteventura
Gomera/Hierro
Gran Canaria
Ibiza/Formentera
Lanzarote
La Palma
Lissabon
Madeira
Madrid
Mallorca
Menorca
Portugal
Spanien
Teneriffa

Nordeuropa
Bornholm
Dänemark
Finnland
Island
Kopenhagen
Norwegen
Schweden

Osteuropa
Baltikum
Budapest
Königsberg/Ost-
  preußen Nord
Masurische Seen
Moskau
Plattensee
Polen
Prag
Riesengebirge
Rumänien
Russland
St. Petersburg
Slowakei
Tschechien
Ungarn

Österreich Schweiz
Berner Oberland/
  Bern
Kärnten
Österreich
Salzburg/
  Salzkammergut
Schweiz
Tessin
Tirol
Wien
Zürich

Westeuropa und Benelux
Amsterdam
Brüssel
England
Flandern
Holländische Küste
Irland
Kanalinseln
London
Luxemburg
Niederlande
Schottland
Südengland
Wales

Südosteuropa
Athen
Bulgarien
Chalkidiki
Dalmat. Küste
Griechenland
  Festland
Griechische
  Inseln/Ägäis
Ionische Inseln
Istrien
Istanbul
Korfu
Kos
Kreta
Peloponnes
Rhodos
Samos
Türkei
Türkische
  Mittelmeerküste
Zypern

Nordamerika
Alaska
Chicago und
  die Großen Seen
Florida
Hawaii
Kalifornien
Kanada
Kanada Ost
Kanada West
Los Angeles
New York
Rocky Mountains
San Francisco
USA
USA Neuengland
USA Ost
USA Südstaaten
USA Südwest
USA West
Washington, D.C.

Mittel- und Südamerika Antarktis
Antarktis
Argentinien/
  Buenos Aires
Bahamas
Barbados
Brasilien/
  Rio de Janeiro
Chile
Costa Rica
Dominikanische
  Republik
Ecuador/
  Galapagos
Jamaika
Karibik I
Karibik II
Kuba
Mexiko
Peru/Bolivien
Südamerika
Venezuela
Yucatán

Afrika Vorderer Orient
Ägypten
Dubai/Emirate/
  Oman
Israel
Jemen
Jerusalem
Jordanien
Kenia
Libanon
Marokko
Namibia
Südafrika
Syrien
Türkei
Türkische
  Mittelmeerküste
Tunesien

Asien
Bali/Lombok
Bangkok
China
Hongkong
Indien
Japan
Ko Samui/
  Ko Phangan
Malaysia
Nepal
Peking
Philippinen
Phuket
Singapur
Sri Lanka
Taiwan
Thailand
Tokio
Vietnam

Indischer Ozean Pazifik
Australien
Hawaii
Malediven
Mauritius
Neuseeland
Seychellen
Südsee

Sprachführer
Arabisch
Englisch
Französisch
Griechisch
Italienisch
Kroatisch
Niederländisch
Norwegisch
Polnisch
Portugiesisch
Russisch
Schwedisch
Spanisch
Tschechisch
Türkisch
Ungarisch

In diesem Register sind alle in diesem Führer erwähnten Orte und Ausflugsziele verzeichnet, außerdem etliche zusätzliche Stichworte. Halbfette Seitenzahlen verweisen auf den Haupteintrag, kursive auf ein Foto.

Agía Nápa 7, 15, **27–31**, 34, 92, 96, 99f., 102, 103, 105
Agía Thékla 31
Ágios Amvrósios 90
Ágios Geórgios (Pegías) *61*, **67**
Ágios Ilárion 86, **87**
Ágios Ioánnis Maloúntas 100
Ágios Nikólaos 90
Agrós **74**, **81**
Akamás-Halbinsel 61, 66, 91, 97
Akrotíri-Halbinsel 39
Akrotírio Gréko (s. Kap Gréco)
Amathoús **42**
Apollo Hylates (Heiligtum) **43f.**
Asinoú 10, **56f.**
Bäder der Aphrodite 9, **67,** 91
Belapaís 86, **87**
Caledonia Falls 101
Cedar Valley (s. Tal der Zedern)
Choirokoitía 9, **35f.,** 92
Coral Bay 68
Corallía Bay 68
Covocle **70,** 91
Derínia (Deryneia) 31
Dháli 48
Dhekélia 27
Dromoláxia 99
Droúseia (Druscha) **68,** 92
Famagusta 7, 27, **84ff.**
Fasoúlla 90
Fasoúri 15, **42**
Felsen der Aphrodite 7, 9, **68,** 91
Fikárdou **57**, 93
Finí 23
Foíni (s. Phíni)
Galáta 74
Germasógeia (s. Yermasóyia)
Geroskípou 10, 23, 67, **68f.,** 91, 100f., 103
Goúrri 93

Governor's Beach 41, *42,* 92, 103
Green Line 15f.
Hala Sultan Tekkesi 36
Iniá 92
Kakopetriá 11, **74f.,** **81**
Kalavassós 96
Kalavassós Staudamm *14*
Kaló Chorió 93
Kalopanagiótis 25, **75,** **81**
Kampiá 93
Kannavíou 25
Kap Gréco *26,* 28, **31**
Káthikas 92
Káto Aródes 92
Káto Deftéra 93
Káto Drys 92
Káto Plátres 90
Kerýneia 7, 84, **86f.**
Khirokitia (s. Choirokoitía)
Kíti 36f.
Kliroú 93
Kloster Agía Nápa 28f.
Kloster Agía Varvára 37
Kloster Ágios Geórgios Alemánnos 7, 23
Kloster Ágios Iraklídios **57f.,** 93
Kloster Ágios Minás 23, **37,** 92
Kloster Ágios Neófytos 25, **69,** 91
Kloster Ágios Panteleímon 58
Kloster Agíou Kendéa 31
Kloster Barnabás 85
Kloster Kýkko 16, 17, 25, **75ff.,** **81**
Kloster Machairás (Makherás) 57, **58,** *88,* 93
Kloster Panagía Chrysorrogiátissa 69f.
Kloster Stavrovoúni 25, **37,** 92
Kloster Troodítissa **77,** 90
Kolóssi *38,* **42f.**

Kórnos 23
Koúklia 62, **70,** 90, 91
Kourdáli 77
Koúrion *6,* 7, 10, 17, 24, **43f.**
Koúrion Beach 41
Ktíma 24, 97, 105
Kyrénia-Gebirge **10,** 87
Lady Mile Beach 41
Lagouderá 77
Lakkí **70f.,** 91, 95
Lánia 89
Lárnaka 7, 9, 10, 25, 27, **32–35,** 92, 97, 103, 105, 106
Latchí (s. Lakkí)
Lazaniás 93
Lefkosía (s. Nicosia)
Lémba 71
Lemesós (s. Limassol)
Limassol 7, 25, **39–42,** 89, 95, 97, 100, 102, 103, 106
Liopétri 23, **31**
Loutrá tis Aphrodítis (s. Bäder der Aphrodite)
Louvarás 78
Makários III. 8, 11, **16f.,** 50, 71, 76
Mamoniá 90
Mandriá 90
Mazótos 99
Mesaória-Ebene 15, 47, 48, 93
Mitseró 58
Monágri 78
Moutoullás 78f.
Nicosia 10, 15, *46,* 47, **48–56,** 58f., 83f., 93, 99, 105, 106
Nikitári 57
Níssi-Beach *30,* 96
Nord-Nicosia 58f.
Ólympos (Olymp) 39, 73, **79,** 90, 97, 107
Ómodos 25, **79, 81,** 90, 101
Oróklini 95, 99
Pafós 7, 8, 9, 10, 24, 25, *60,* 61, **62–67,** 91f., 101, 103, 105, 106

134

REGISTER

Palaiá Páfos (s. Koúklia)
Palaichóri 79
Páno Amiándos 79
Páno Aródes 92
Páno Léfkara *22*, 23, 25, **37,** 92, 136
Páno Panagiá 16, 69, **71**
Páno Plátres 11, **80f.,** 90, 97, 101
Paralímni 31f.
Pedoulás 80f.
Pégeia 92
Pendedáktilos **10,** 87
Peristeróna 59
Pétra tou Romioú (s. Felsen der Aphrodite)
Phíni 80f.

Pissoúri 25, **45,** 89
Platanistássa 80
Plátres 89
Pólis 7, 61, **71,** 91, 95
Politikó 48, 57, 58, 93
Pótamos tou Liopetríou 32
Pródromos **80f.,** 90
Protarás *11,* **32**
Protarás-Paralímni 27
Pýrga **37,** 92
Sálamis *82,* 84, **85f.**
Salzsee von Akrotíri 15
Salzsee von Lárnaka 15, **37**
Skoúlli 14, **71,** 97
Stavrós tis Psókas 15, **71,** 105

Stavrós tou 80
Tal der Zedern 71
Tamassós 48, 57, 58, **59**
Trimiklíni 89
Tróodos **80f.,** 90, 101, 103, 105
Tróodos-Gebirge 10, 11, 14, 15, 39, **73–81,** 89, 92, 97, 101
Tsáda 67, **96**
Vávla 92
Vyzákia 59
Yermasóyia 45

Schreiben Sie uns!

Liebe Leserin, lieber Leser,

wir setzen alles daran, Ihnen möglichst aktuelle Informationen mit auf die Reise zu geben. Dennoch schleichen sich manchmal Fehler ein – trotz gründlicher Recherche unserer Autoren/innen. Sie haben sicherlich Verständnis, dass der Verlag dafür keine Haftung übernehmen kann. Wir freuen uns aber, wenn Sie uns schreiben.

Senden Sie Ihre Post an die MARCO POLO Redaktion, Mairs Geographischer Verlag, Postfach 31 51, 73751 Ostfildern, marcopolo@mairs.de

Impressum

Titelbild: Felsen der Aphrodite (M. Thomas)
Fotos: Foto-Cultour: Hochmuth (72); HB Verlag (12, 16, 24, 25, 27, 44, 46, 64, 78, 82, 102); F. Köthe (96); Mauritius: Arthur (32), Bohnacker (93), Gierth (11, 60), Nägele (88), Pigneter (94), Rodopoulos (18), Rossenbach (20); Schapowalow: Torino (38, 55); T. Stankiewicz (47); M. Thomas (113); H. R. Uthoff (5 r., 21, 22, 26, 50, 56, 73, 101); T. P. Widmann (U. l., U. m., U. r., 1, 2 o., 2 u., 4, 5 m., 6, 7, 9, 14, 28, 30, 35, 36, 42, 52, 61, 66, 68, 77, 86, 90, 98)

11., aktualisierte Auflage 2002 © Mairs Geographischer Verlag, Ostfildern
Herausgeber: Ferdinand Ranft, Chefredakteurin: Marion Zorn
Bildredakteurin: Gabriele Forst
Kartografie Reiseatlas: © Mairs Geographischer Verlag/Falk Verlag, Ostfildern
Gestaltung: red.sign, Stuttgart
Sprachführer: in Zusammenarbeit mit dem Ernst Klett Verlag GmbH, Stuttgart, PONS Wörterbücher
Das Werk einschließlich aller seiner Teile ist urheberrechtlich geschützt. Jede urheberrechtsrelevante Verwertung ist ohne Zustimmung des Verlages unzulässig und strafbar. Das gilt insbesondere für Vervielfältigungen, Übersetzungen, Nachahmungen, Mikroverfilmungen und die Einspeicherung und Verarbeitung in elektronischen Systemen.
Printed in Germany. Gedruckt auf 100% chlorfrei gebleichtem Papier

Bloß nicht!

Auch auf Zypern gibt es – wie in allen Reiseländern – Touristenfallen und Dinge, die man besser meidet

Glücksspiele
Auf Kirchweihfesten und Jahrmärkten bietet sich reihenweise die Gelegenheit zu Glücksspielen. Wer kein Griechisch spricht, ist meist der Verlierer.

Zu viel nackte Haut
Am Strand haben Urlauber einen Freibrief und können fast so viel Haut zeigen, wie sie wollen. In Kirchen und Klöstern erwartet man aber bedeckte Knie, Schultern und Bäuche.

Kurzkreuzfahrten
Reisebüros und Reiseleiter sind in einigen Hotels sehr bemüht, den Urlauber vom Reiz einer Kurzkreuzfahrt ins Heilige Land oder zu den ägyptischen Pyramiden zu überzeugen. Genießen Sie lieber das Hier und Jetzt: Zypern hat genug Interessantes zu bieten, der Aufenthalt in Jerusalem oder Kairo ist unbefriedigend kurz – und die Reiseleiter in Israel und Ägypten sind mehr an möglichst üppigen Provisionen für Souvenirkäufe interessiert als an einer qualifizierten Führung.

Das Handeln vergessen
In Páno Léfkara hat jeder Urlauber den Eindruck, gerade zur Ausverkaufszeit zu kommen. Überall werden gerade zehn oder mehr Prozent Preisnachlass geboten. Die gibt es freilich das ganze Jahr über – Sie sollten darum das Handeln auf keinen Fall vergessen.

Religiöse Gefühle verletzen
Ohne geziemende Kleidung, also bedeckte Schultern und Knie, wird niemandem Eintritt in Klöster und Kirchen gewährt. Wer darüber hinaus den einheimischen Sitten Respekt erweisen will, verschränkt in Kirchen die Arme nicht auf dem Rücken, zeigt nicht mit den Fingern auf Ikonen und wendet der Ikonostase nicht in ihrer unmittelbaren Nähe den Rücken zu. Bedenken Sie bei Klosterbesuchen in der Mittagszeit, dass auch Mönche und Nonnen einen Mittagsschlaf halten.

Gastfreundschaft missachten
Wer zu einem Tässchen Kaffee eingeladen wurde, darf auf keinen Fall gehen, bevor die Kaffeetasse erkaltet ist. Umgehend eine Gegeneinladung auszusprechen, ist grob unhöflich. Ebenso unpassend wäre es, einem Zyprioten, der einem geholfen hat, den Weg zu finden, dafür ein Trinkgeld in die Hand zu drücken.

Cabarets
Wer abendliche Unterhaltung sucht, muss wissen, dass die etwa 80 zypriotischen Cabarets eine Art miese Bordells sind, in denen meist junge Frauen aus Osteuropa arbeiten.